당신도 겪을 수 있는
골프장 사건 50

골프에 진심인 변호사가 풀어주는 법과 지혜

나승복

박영사

당신도 겪을 수 있는
골프장 사건 50

초판발행　　　2024년 9월 5일

지은이　　　　나승복
펴낸이　　　　안종만 · 안상준

편　집　　　　김선민
기획/마케팅　　조성호
표지디자인　　BEN STORY
제　작　　　　고철민 · 김원표

펴낸곳　　　　㈜ **박영사**
　　　　　　　서울특별시 금천구 가산디지털2로 53, 210호(가산동, 한라시그마밸리)
　　　　　　　등록　1959. 3. 11. 제300-1959-1호(倫)

전　화　　　　02)733-6771
f a x　　　　02)736-4818
e-mail　　　　pys@pybook.co.kr
homepage　　www.pybook.co.kr
ISBN　　　　　979-11-303-2025-0　03040

정　가　　　　23,000원

프롤로그

필자는 2021년 7월 지인들과 라운드를 하던 중에 지인이 자동운행 카트에 들이받혀 쓰러진 모습을 목격한 일이 있었다. 골퍼가 다이아몬드 반지를 빼서 종이컵에 담아 카트에 두었는데, 까마귀가 그 반지를 물고 날아가다가 떨어뜨린 소동이 있었다. 골퍼가 오락의 담장을 넘었다가 실형을 받은 도박사건이나, 캐디가 거리를 잘못 알려주었다고 목을 조른 폭행사건이 있었다. 공무원이 근무시간 내 골프로 징계를 받거나, 프로골퍼가 로컬 룰을 오해하여 68벌타나 받은 해프닝도 있었다.

골퍼들이 즐기는 골프를 내세우지만, 그 전제는 안전 골프, 평화 골프이다. 그런데 지인이나 언론을 통해 가슴을 쓸어내리는 골프장 사고나 눈총을 받는 사건을 종종 접하게 된다. 즉, 골프장에서 타구, 추락, 전도, 익사 등의 민사 사건이 발생한다. 또한, 강제추행, 과실치상, 도박, 사기 등의 형사 사건이나, 출전정지, 해임 등의 징계 사건으로 사회적 물의를 일으키기도 한다.

필자는 골프를 즐기는 변호사로서 20여 년 라운드를 해 오며 골퍼나 골프 관계자들이 안전하고 평화롭게 골프를 즐기는데 실제적인 도움을 주고 싶었다. 이에, 골프장 내 다양한 사건들을 "골프, 법률, 명구"라는 세 키워드로 연결하여 안전 골프, 평화 골프로 가는 지름길을 모색해 왔다.

400여 건의 골프 관련 판례와 다수의 국내외 기사에서 골퍼나 골프 관계자들이 관심을 가질 만한 민사 사건 20토픽, 형사 사건 20토픽, 징계 사건 10토픽을 선별했다. 독자의 눈높이에 맞추어 그 발생 경위와 법적 책임 관계를 600~700자로 요약했다.

홀인원을 51회나 한 사례 등 이색적인 케이스 20토픽을 통해 골프의 묘미와 골퍼의 한계를 살폈으며, 독자의 가벼운 교감을 위해 제1장에 배치했다. 라운드 중에 악어에 물린 사례 등 황당한 사고 20토픽을 더하여 그 여파와 가르침을 헤아렸다. 아울러, 위와 같은 사건을 고전명구와 접목하여 그 교훈을 짚어보고 예방 지혜를 담았다.

이 책의 집필을 위하여 나름대로 열의와 정성을 다했으나, 필자의 능력 부족으로 잘못된 부분에 대해서는 독자 제위의 질책을 당부 드린다.

아무쪼록 이 책이 골프 애호가나 골프장 운영자, 주말골퍼, 선수, 캐디, 아카데미 등 골프 관계자들이 안전 골프와 평화 골프의 바탕 위에서 즐기는 골프를 향유하는데 미약하나마 도움이 되었으면 하는 바람이다.

이 책의 출간을 위하여 헌신해 주신 박영사 관계자분들께 깊이 감사드린다. 또한, 바쁘신 중에 추천의 글로 격려해 주신 (사)대한골프협회 강형모 회장님께 감사의 뜻을 표한다. 아울러, 필자 곁에서 변함없이 응원을 보내준 가족과 지인들에게 고마움을 전한다.

2024. 9.

필 자 씀

추천의 글

2023년 골프장 이용객이 약 4,772만 명에 달한다. 골프는 그만큼 누구나 가까이 접할 수 있는 레포츠로 자리 잡았다. 이러한 상황에서 안전하고 평화롭게 골프를 치는 것은 골프장 경영자, 프로골퍼, 주말골퍼, 캐디, 아카데미, 미디어 등 골프 관계자들에게 매우 중요한 명제이다.

그러나, 우리는 여기저기서 가슴을 쓸어 내리는 골프장 안전사고나 눈총을 받는 민사, 형사, 징계 등의 사건을 빈번히 접하게 된다. 하지만, 골프 관계자들이 구체적 사례들을 바탕으로 안전 골프, 평화 골프를 일깨워 줄 서책은 부족한 편이었다.

그러던 차에, 골프 애호가인 나승복 변호사가 법률업무 중에 틈틈이 골프장 사건사고의 사례와 교훈을 통해 안전 골프, 평화 골프의 중요성과 포인트에 대하여 집필한 이 책은 시의적절하다.

나 변호사는 30여 년의 법률실무경험을 바탕으로 400여 건의 판례와 다수의 기사에서 골프 관계자들이 관심을 가질 만한 골프장 사건사고를 선별한 후, 민사, 형사, 징계 사건으로 분류하여 각 사건사고의 발생 경위와 책임 관계를 간명하게 소개하였다. 이를 통하여 골프 관계자들에게 사건사고의 교훈을 일깨워 줄 수 있으므로, 이들이 평소 사건사고를 예방하는 반면교사로 삼을 만하다.

아울러, 이색적인 사건사고의 사례를 통해 라운드 중이나 그늘 집에서 골프의 묘미를 더할 수 있는 소재를 제공하고, 황당한 사건사고의 사례를 덧붙여 골프의 기본과 안전에 경종을 울린다.

특히, 나 변호사는 서울대학교 중문학과를 졸업한 후 다년간 법률실무에 종사하다가 북경대학 법과대학원에 유학하여 법학박사학위를 받았다. 현지인과의 폭넓은 교류와 깊이 있는 중국문화의 이해를 바탕으로 다양한 골프장 사건사고가 전하는 교훈을 중국 고전명구와 접목시켰는데, 이는 다른 골프 서책에서 보기 어려운 특색이다.

골프 관계자들은 나 변호사가 열의와 정성을 다해 집필한 이 책을 수시로 읽어볼 만하다. 안전 골프, 평화 골프를 실행하는데 중요한 안내서이기 때문이다. 나아가 이 책에 소개된 고전명구를 통하여 골프장 사건사고가 전하는 삶의 지혜를 얻을 수 있을 것으로 믿어 의심치 않는다.

강 형 모

(사)대한골프협회 회장, 유성관광㈜ 유성컨트리클럽 대표이사

차례

I 이색

Ⅲ 형사

I

이색

01

한 번도 어려운 홀인원을 51회나 하다니

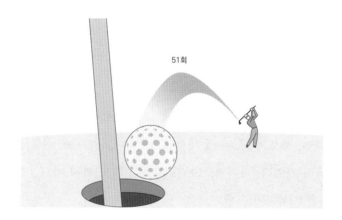

최다 홀인원의 기록 보유자는 총 51회를 달성한 맨슬 데이비스(미국)로 알려져 있다.

미국 내셔널 홀인원 등록협회(National Hole-in-one Registry)의 자료에 의하면, 홀인원 확률은 프로골퍼가 3,000분의 1, 싱글핸디골퍼가 5,000분의 1이고, 아마추어골퍼가 1만 2,000분의 1인데, 한 사람이 무려 51회의 홀인원을 하다니 놀랍기 그지없다.

이에 대하여 관련 칼럼(Brent Kelley, https://www.liveabout.com/

golfer−records−his−51st−hole−in−one−3971649, 2018. 11. 5, live about dotcom)을 바탕으로 그 내용을 살펴본다.

미국의 프로골프협회(PGA) 회원인 데이비스는 1967년 첫 홀인원을 한 이래 2007년까지 총 51회의 대기록을 보유한 자로 인정받고 있으며, 벤 크랜쇼에 의해 확인된 바 있다.

데이비스는 홀인원보다 훨씬 어려운 알바트로스를 10회나 일궈냈으며, 퍼터, 샌드웨지, 피칭웨지를 제외한 모든 클럽으로 홀인원을 한 진기록도 가지고 있다.

그는 텍사스주에 있는 오데사CC 2번홀에서 5회의 홀인원을 했는가 하면, 토로피CC 파4홀에서도 3차례나 홀인원을 한 특이기록을 보유하고 있다. 나아가, 1967년부터 1987년까지 매년 1회 이상 홀인원을 기록하기도 했다.

PGA투어에서 최다 홀인원의 기록은 로버트 앨런비와 할 써튼이 세운 10회이다. 골프계의 전설인 아놀드 파머와 잭 니클라우스는 모두 공식대회에서 3회의 홀인원을 하였다.

공식대회와 친선골프를 합할 경우, 잭 니클라우스가 20회, 아놀드 파머와 개리 플레이어가 19회, 타이거 우즈가 18회의 홀인원을 하였다.

데이비스는 최다 홀인원 기록을 비롯하여 파4홀에서 3회, 한 골프장의 같은 홀에서 5회의 홀인원을 하는 등 여러 부문에서 다수의 진기록을 보유하고 있다.

그가 51회의 홀인원을 하다 보니 그 내용도 특이하고 다양하다. 매 홀인원의 감동 스토리를 소개한다면 아마도 얇지 않은 책이 될 수 있으리라.

중국의 유명 문장가인 소식(蘇軾)의 순향론(筍鄕論)에 "어떤 일을 이루어 내기 어려워서 매우 고귀하다(難能可貴 / 난능가귀)."는 구절이 있는데, 프로골퍼라도 홀인원을 할 확률은 3,000분의 1에 불과하니 홀인원은 난능가귀라 하지 않을 수 없다.

필자는 20년 남짓 골프를 하는 중에 티샷 공이 홀에 10cm 근접한 적이 있었다. 홀인원이 멀지 않았으리라 생각하고 몇 개월 후 홀인원보험에 가입하였더니 홀로부터 점점 멀어져갔다. 골프애호가로서 아직도 홀인원에 대한 소망을 가지고 있는지라, 파3에서 티샷을 할 때면 종종 그 소망을 떠올려 보기도 한다.

02

골프 중 벼락사고 후 골프와
성품이 호전되다니

골프장에서 벼락사고는 골퍼에게 치명상으로 이어지는 경우가 대부분인데, 이와는 정반대로 행운으로 이어졌거나 깨우침의 계기가 되었다는 사례도 있었다.

이에 대하여 관련 기사(성호준, https://www.joongang.co.kr/article/23556278#home, 2019. 8. 20, 중앙일보; 방민준, https://golfhankook.hankooki.com/news/articleView.html?idxno=10002380, 골프한국)를 토대로 그 상황을 살펴본다.

먼저, 골프장에서 벼락사고가 행운으로 이어진 경우로는 US오픈대회에서 두 차례나 우승한 레티프 구센(남아공)의 스토리다.

구센은 15세이던 1985년 친구와 함께 이슬비를 맞으면서 골프치다가 벼락에 맞았다. 그 자리에서 쓰러졌는데, 옷은 물론 머리카락까지 탔으며, 안경은 얼굴에 상처를 내고 30미터 밖까지 날아갔다. 눈은 함몰됐고 혀는 목구멍으로 말려 들어가 숨을 쉬지 못할 지경이었다. 다행히 뒤에서 플레이하던 의사의 도움으로 기적적으로 살아날 수 있었다.

구센의 어머니는 "아들이 어릴 적 성격이 매우 급했는데, 벼락 맞은 뒤 침착해졌다. 그래서 큰 대회에서도 우승할 수 있었다."고 하면서 벼락 사고를 행운으로 여기게 되었다는 것이다.

다음으로, 벼락사고가 구센의 정도에는 미치지 못하지만 삶에서 중요한 깨우침의 계기가 되었다는 사례도 있다. PGA 메이저대회 6 승에 시즌 최저타상을 5회나 받은 리 트레비노(미국)의 이야기다.

트레비노는 텍사스 판자집에서 어렵게 살면서 8세부터 골프장 부근에서 캐디로 전전했다. 그는 1966년 프로에 데뷔한 후 음주와 자유분방한 생활에 웃음과 유머를 몰고 다녔다.

1975년 시카고에서 열린 PGA 웨스턴오픈대회에서 라운드를 하다가 벼락에 맞아 데굴데굴 굴렀다. 갤러리들은 평소 웃음과 유머가 넘친 그를 보고 장난인 줄을 알았다고 한다. 그는 벼락사고로 척추에 부상을 입은 후 술과 결별하고 정상생활을 하게 되었다는 것이다.

위 두 사례에서 벼락은 골퍼에게 행운이나 깨우침의 계기가 된 것으로 볼 수 있다. 전국책(戰國策)에 나오는 전화위복(轉禍爲福)과 일맥상통하는 사례들이다.

하지만, 이러한 사례는 생명과 직결되는 위험천만한 것으로서 라운드에서 일어나기는 극히 희박하다. 하여, 이와 같은 전화위복에 기대하지 말고 철저한 안전의식만이 골프를 오랫동안 즐길 수 있는 길임을 잊지 말지어다.

03

같은 홀에서 동반 홀인원을 하다니

두 골퍼가 같은 홀에서 동반 홀인원을 하였고, 한 골퍼가 한 라운드에서 홀인원을 두 차례나 일궈낸 일이 있었다.

한 사람이 평생 홀인원을 못하는 경우가 허다한데, 동반자들이 같은 홀에서 동반 홀인원을 하거나 한 사람이 한 라운드에서 연거푸 홀인원을 하다니, 이는 골프 기록 중 진기록이라 하지 않을 수 없다.

이에 대하여 관련 기사(김상현, https://www.tinnews.co.kr/19403, 2020. 9. 18, TIN뉴스; 양진형, http://www.kislandnews.com/4244, 2023. 2. 17, 한국섬뉴스)를 바탕으로 그 사례들을 소개한다.

김보미, 강은비 프로는 2009년 제주 더클래식골프장에서 열린 한국여자프로골프협회(KLPGA) 투어 넵스 마스터피스 1라운드 5번 홀(123미터)에서 동반 홀인원을 했다.

또한, 임성목, 배장원 프로는 2020년 충남 솔라고CC에서 열린 한국프로골프협회(KPGA) 스릭슨투어(2부) 2라운드 12번홀(171미터)

에서 동반 홀인원을 기록했다.

아마추어골프에서는 L씨와 J씨가 2023년 2월 여수에 있는 디오 션CC 웨스트코스 3번홀(140미터)에서 동반 홀인원을 했다. 더욱이, 두 사람 모두 생애 첫 홀인원이어서 그 기쁨은 더 컸다.

한편, 미야자토 유사쿠는 2006년 PGA투어 리노타호오픈 2라운 드 7·12번홀에서 연달아 홀인원을 기록했다.

아마추어골프에서는 C씨(한국, 57세)가 2005년 용인에 있는 리베라CC 3번홀(155미터)과 6번홀(125미터)에서, G씨(미국, 74세)가 2003년 캘리포니아주 랜초 미라지에 있는 선라이즈골프장 10번홀(186미터)과 11번홀(123미터)에서 연달아 홀인원을 했다.

미국의 내셔널 홀인원 등록협회에 의하면, 동반자 2인이 같은 홀에서 홀인원을 할 확률은 1,700만분의 1, 한 골퍼가 한 라운드에서 2회의 홀인원을 할 확률은 6,700만분의 1로 추산하고 있다.

동반자 2인이 같은 홀에서 랑데뷰 홀인원을 하고, 한 사람이 한 라운드에서 연달아 홀인원을 하다니, 이 벅찬 감동의 순간을 어떻게 형언할 수 있으리오!

중국 송나라 때의 문장가인 소식(蘇軾)은 전적벽부(前赤壁賦)에서 "속세를 버리고 홀로 서 있듯이 훨훨 날아, 신선이 되어 선경에 오르네(飄飄乎如遺世獨立, 羽化而登仙 / 표표호여유세독립, 우화이등선)." 라고 읊었다.

위 홀인원의 주인공들이 감동의 상황을 떠올리노라면, 자기도

당신도 겪을 수 있는 골프장 사건 50

모르게 속세에서 훨훨 날아 신선이 되어 골프 선경에 오른 오묘함을 맛보게 되리라.

04

한 라운드서 홀인원과
알바트로스를 하다니

한국과 호주 출신의 두 아마추어골퍼가 2020년 한 라운드에서 홀인원과 알바트로스를 일궈내서 큰 화제를 불러일으켰다.

아마추어골퍼가 홀인원을 하는 것은 평생 한번 있을까 말까 할 정도로 어렵고, 알바트로스를 하는 것은 홀인원을 하는 것보다 훨씬 더 어려울진대, 한 라운드에서 홀인원에 더하여 알바트로스까지 해 내다니, 이는 진기록 중의 진기록이라 하지 않을 수 없다.

이에 대하여 관련 기사(김경수, https://m.dnews.co.kr/m_home/view.jsp?idxno=202201161809050810528, 2022. 1. 16, 대한경제; 조희찬, https://www.hankyung.com/golf/article/202209199913i, 2022. 9. 19, 한국경제)를 바탕으로 그 진기록의 달성 과정을 소개한다.

핸디캡이 2인 이씨(49세, 한국)는 2020년 9월 춘천시에 있는 라데나CC 2번홀(파5)에서 알바트로스를, 4번홀(파3)에서 홀인원을 기록했다. 이씨는 "이 둘을 한 번에 할 거라고는 꿈에도 생각하지 못했다. 평생 운을 하루에 다 쓴 것 같다."고 감동의 순간을 피력했다.

그는 평소 드라이버로 250미터 정도를 치는데, 이날 2번홀에서 티샷이 잘 맞아 약 260미터를 보냈다. 홀까지 165미터를 남겨두고 5번 아이언으로 친 두번째 샷이 홀 컵에 빨려 들어갔다.

알바트로스의 흥분이 가시기도 전에, 4번홀(125미터)에서 9번 아이언으로 친 샷이 홀 컵으로 사라지면서 홀인원을 기록했다. 이씨는 "공이 핀을 지나 떨어졌는데, 백스핀이 걸려서 그대로 홀에 들어갔다."고 말했다.

한편, 호주에서도 한 아마추어골퍼가 한 라운드에서 홀인원과 알바트로스를 하여 골퍼들을 깜짝 놀라게 했다.

핸디캡이 20인 로완 매카시(32세, 아일랜드)는 2020년 1월 호주 퍼스의 웸블리GC에서 라운드를 하던 중이었다.

매카시는 12번홀(169미터)에서 7번 아이언으로 홀인원을 한데 이어, 15번홀(파5, 485미터)에서 드라이버샷을 250미터 날린 후 5번 아이언샷을 185미터 날려 알바트로스를 했다. 불과 네 홀 사이에서 홀인원과 알바트로스를 연달아 기록한 것이다.

골프다이제스트에 의하면, 한 골퍼가 한 라운드에서 홀인원과 알바트로스를 모두 기록한 사례는 매카시가 역대 22번째라고 한다. 아이리시 이그재미너는 PGA투어에서 한 선수가 한 라운드에서 홀인원과 알바트로스를 함께 한 기록이 없다고 전했다.

참고로, 미국 내셔널 홀인원 레지스트리에 의하면, 일반적으로 아마추어 골퍼가 홀인원을 할 확률은 1만 2,000분의 1이고, 알바트로스를 할 확률은 600만분의 1이니, 한 라운드에서 홀인원과 알바트로스를 모두 달성할 확률은 720억분의 1로 추산된다.

한 골퍼가 한 라운드에서 홀인원과 알바트로스를 모두 달성하다니, 이는 골프계에서 불가사의에 가까운 대기록이다. 그 상황에서 필드를 걷노라면 아마도 하늘을 날아다니는 듯한 황홀경에 빠지리라.

중국 송나라 문인인 소식(蘇軾)의 여이지의(與李之儀)에 "뜻밖의 행운을 만나 무척 기뻐하다(喜出望外 / 희출망외)."라는 구절이 있는데, 이는 위 두 골퍼가 이룬 홀인원과 알바트로스의 겹경사에 딱 어울리는 말이다.

필자는 20여 년의 골프 여정에서 홀인원을 하지 못했으니, 홀인원을 했다는 얘기만 들어도 놀라움과 부러움이 앞선다. 홀인원과 알바트로스의 달성은 감히 상상도 하기 어려운 경지이다.

05

45도의 혹서에 1일 6라운드를 돌다니

골프에 빠진 슈퍼 매니아들이 적지 않지만, 밥 페이건(1937~2023, 미국)만큼 이색 스토리가 많은 골프 매니아는 없으리라.

페이건의 골프 스토리는 뭇 골퍼에게 진정한 골프 사랑이 무엇인지, 그 한계는 어느 정도인지 일깨워 주기에 충분하다.

이에 대하여 웹사이트의 소개글(Joel Zuckerman, http://www.bad golfer.com/departments/features/bob-fagan-golf.htm, Bad Golfer)을 바탕으로 그의 경이롭고도 다채로운 스토리를 살펴본다.

페이건은 핸디캡 2.5의 골프 애호가로서 괴짜 골퍼 협회(Golf Nut Society)에서 독보적인 매니아로 정평이 나 있으며, 그의 괴짜 포인트는 122,289로 타의 추종을 불허한다.

그는 1962년부터 골프에 빠진 이래 믿을 수 없는 라운드들을 두루 섭렵했는데, 특히 인상적인 주요 라운드를 소개하면 아래와 같다.

그는 미국의 유명 골프코스를 돌며 수많은 명사들과 라운드를 했다.

그는 미국 1,600대 유명 골프코스 중 여러 코스를 돌면서 다양한 명사들과 라운드를 했다. 여기에는 샘 스니드, 진 사라센, 아놀드 파마, 잭 니클라우스, 타이거 우즈, 마이클 조던도 포함된다.

또한, 그는 골프 위크지(Golf Week)가 무기명 방식으로 선정한 미국 베스트 골프코스 1,300개 중 710개 코스에서 라운드를 했고, 현대적이면서도 전통을 자랑하는 미국 100대 골프코스를 포함한 200대 골프코스 중 190개 코스에서 라운드를 하기도 했다.

페이건은 초인적 라운드를 체험하면서 자신의 한계를 극복하곤 했다.

그는 48세 되던 해의 7월 팜 스프링에서 섭씨 45.5도의 혹서를 견디며 하루에 6라운드를 돌파했으며, 그중 3라운드는 직접 골프백을 메고 걸었다.

또한, 초속 40미터의 강풍이 불어 숨 쉬기도 힘겨운 상황에서 골프백을 메고 9홀을 돌았다. 나아가, 섭씨 영하 15도의 강풍 속에서 18홀 이븐파를 치기도 했다.

그는 체력의 한계를 시험하면서 원거리의 격지 라운드에 도전한 기록도 놀랍다.

그는 2002년 10개월 동안 29회나 비행기를 타고 다니며 라운드를 했다. 또한, 애리조나주 윌리엄에서 필라델피아주에 있는 파인밸리GC까지 논스톱으로 3,700km를 운전하여 위 골프장에서 라운드를 해냈다.

페이건은 골프책과 스코어카드 수집광이기도 하다.

그는 2,820여 권의 골프책을 소장한 도서관이 있으며, 위 책들을 대부분 몇 차례 읽었다. 또한, 4,500여 개의 스코어카드를 모아서 알파벳 순으로 정리하기도 했다.

페이건이 슈퍼 골프 매니아로서 달려온 여정은 주말골퍼들의 상상을 초월한 것이어서 그 경이로움에 탄성을 금할 수 없다.

어느 골퍼가 페이건처럼 다수의 유명 골프코스에서 당대의 명사들과 라운드를 하거나 초인적 라운드를 체험할 수 있겠는가? 또한, 어느 골퍼가 원거리의 격지 라운드를 돌파하거나 다량의 골프책과 스코어카드를 모을 수 있겠는가?

중국 명나라 때의 장편소설인 영열전(英烈傳)에 "상황이나 결과가 사람들을 깜짝 놀라게 하다(目眩神迷 / 목현신미)."는 구절이 있는데, 페이건의 여러 골프 스토리는 뭇 골퍼들을 경탄하게 할 만하다.

페이건의 골프 스토리가 경이로운 것은 부인하기 어렵지만, 주말골퍼는 초인적 극한 라운드에 도전하기보다 평범한 안전 라운드를 오래 즐기는 것이 어떨까 생각해 본다.

06

퍼터로 120미터 거리를 성공시키다니

호주의 묘기샷 공연자인 브랫 스탠포드는 2017년 페어웨이서 퍼터로 공을 120.6미터나 보내 바로 홀에 넣는 진기록을 세운 일이 있다.

골퍼가 장거리 펏을 성공시킬 경우 그 기쁨은 말로 다 표현할 수 없을진대, 펏으로 120여미터나 떨어져 있는 홀에 바로 넣다니, 이는 경이롭고도 기이한 대사건이리라.

이에 대하여 관련 소개글(https://www.golfaustralia.com.au/video/ aussie-holes-world-record-breaking-395-foot-putt-452526,

2017. 2. 24, Golf Australia; https://www.hio.com/americanhno−blog/
top−4−longest−putts−in−the−history−golf−tournaments)을 토대
로 그 당시의 상황을 살펴본다.

　스탠포드는 장거리 펏 부문의 비공식 세계기록 보유자다. 그는
2017년 2월 호주 퍼스에 있는 포인트 월터GC 5번홀에서 홀로부터
120.6미터 지점에서 퍼터로 공을 쳤다. 이 공은 페어웨이를 타고 한
참 미끄러져 가다가 그린에 올라 구르더니 바로 홀에 들어간 것이다.

　한 유튜브 영상에 의하면, 그가 이를 확인한 후 덩실덩실 춤을 추
며 그 기쁨을 만끽하는 모습이 생생하다. 한편, 그는 최다 연속펏 성
공 부문의 기네스 세계기록을 보유하고 있기도 하다.

　직전 기록으로는, 당시 66세인 퍼거스 뮈어가 2001년 스코틀랜
드에 있는 세인트 앤드류스 GC의 에덴코스 5번홀(파3)에서 80년 된
퍼터로 114.3미터를 날려 홀인원한 것이다.

　한편, 올림픽에서 23개의 금메달을 딴 마이크 펠프스도 장거리
펏 기록보유자 대열에 이름을 올렸다. 핸디캡이 26인 그는 2012년
던힐 링크스 챔피언십 6번홀(파4)에서 48.5미터의 펏을 넣는 기염을
토했다.

　PGA투어대회에서 장거리 펏의 기록 보유자는 크레이그 발로우
(미국)인데, 그는 2008년 뷰익오픈에서 33.9미터의 펏을 성공시켰다.

　또한, 잭 니클라우스는 1964년 챔피언스 토너먼트에서 33.5미터
의 펏을 넣었으며(당시 기네스 세계기록으로 등재되었다), 닉 프라이스

(남아공)는 1992년 PGA챔피언십에서 잭과 같은 거리의 펏을 성공시켰다.

스탠포드가 120여미터의 펏이 성공하였음을 확인하고 나서 황홀경에 빠졌을 때의 심정은 어떠했을까? 그야말로 현실세계에서 벗어나 꽃향기 그윽한 무릉도원(武陵桃源)의 주인공이었으리라.

이 기록은 그린, 페어웨이를 구분하지 않고 퍼터로 최장거리를 성공시킨 것이어서 펏이라기보다는 샷이 더 정확하겠지만, 그 명칭을 떠나서 그 결과는 뭇사람들에게 커다란 즐거움과 색다른 놀라움을 주기에 충분하다.

중국 위진시대의 도연명(陶淵明)은 도화원기(桃花源記)에서 "(좁은 신비의 동굴을 지나니) 갑자기 광채가 넘치는 드넓은 곳이 펼쳐지다(豁然開朗 / 활연개랑)."라고 묘사한 대목이 있는데, 스탠포드가 느꼈던 기분도 이와 상통할 것이다.

주말골퍼가 라운드 중에 뜻밖의 장거리 펏으로 황홀한 순간을 경험할 수 있는데, 이는 초록 필드를 향해 창공을 가르는 드라이버 샷보다 더 큰 희열을 선사하리라.

07

PGA대회에서 첫 홀 양파 후 우승하다니

　한국의 초신성 김주형 프로가 2022년 PGA투어 윈덤 챔피언십의 첫 홀에서 쿼드러플보기를 한 후 5타 차로 우승하는 대기록을 세웠다.

　그는 20세의 신예이자 PGA 비회원으로서 PGA투어대회에 출전한 지 9번째 대회에서 첫 홀 양파를 쳤음에도 포기하지 않고 마침내 5타 차 우승이라는 신기원을 열다니, 이는 전인미답의 진기록이다.

　이에 대하여 관련 기사(성호준, https://www.joongang.co.kr/article/25092725#home, 2022. 8. 8, 중앙일보; Alex Livie, https://www.eurosport.com/golf/wyndham−championship/2021−2022/wyndham−championship−joohyung−kim−shakes−off−quadruple−bogey−to−win−secures−fedex−spot−rickie−fowler_sto9077497/story.shtml, 2022. 9. 26, Eurosport)를 토대로 그 자초지종을 살펴본다.

　김주형은 2022년 8월 미국 노스캐롤라이나주 그린즈버러의 세

지필드 골프장에서 열린 윈덤 챔피언십에서 골프사에 한 획을 긋는 금자탑을 세웠다.

김주형은 최종라운드에서 9언더파 61타, 합계 20언더파를 쳐서 PGA투어 비회원임에도 쟁쟁한 경쟁자를 물리치고 5타 차로 우승을 거머쥔 것이다.

그는 1라운드 첫 홀(파4)에서 골퍼들을 깜짝 놀라게 했다. 그는 세계적인 선수들로 즐비한 가시밭길의 출발지점에서 속칭 '양파'라는 뜻밖의 대형사고를 내고 만 것이다.

그러나 20세의 젊은 선수로서는 기대할 수 없을 만큼 차분하면서도 어른스럽게 마음을 다잡고 강인한 정신력과 고도의 기량을 발휘했다.

김주형은 위 대형사고 후 버디 7개를 잡아 1라운드를 3언더파 67타라는 놀라운 성적으로 마무리했다. 2라운드에서는 64타, 3라운드에서 68타를 기록하더니, 최종라운드에서는 무려 61타를 쳐서 5타라는 큰 타수 차로 전세계 골퍼들로 하여금 탄성을 자아내게 하는 우승을 차지했다.

그는 우승 후 인터뷰에서 "나는 첫 홀에 쿼드러플보기를 했는데, 우승을 거머쥐었다는 것은 믿을 수 없다. 앞으로도 강렬하게 기억에 남을 한 주였다. 여기에 오기까지 정말 최선을 다해 쳤다."고 우승 소감을 피력했다.

아울러, "쿼드러플보기를 한 후 웃어 넘겨버려서 더 좋은 멘탈 상태로 자신을 다잡을 수 있었다. 분노하거나 위축되지 않고 차분하게 자신의 게임을 했다."고 그때의 상황을 설명했다.

김주형은 PGA투어의 지난 40년 동안 첫 라운드 첫 홀에서 쿼드러플보기를 하고 우승한 최초의 선수로 기록되었다.

갓 20세의 신예 프로인 김주형이 정규시즌 마지막 대회에서 우승컵을 들어 올린 것은 한국 골프계의 커다란 경사이자 초신성의 세계무대 등장이다.

그의 인터뷰대로 쿼드러플보기를 한 후 통한의 첫 홀을 웃어넘겨 버릴 수 있다는 것은 적은 나이지만 어른을 능가하는 큰 그릇으로 거듭났음을 대변한다.

중국 24사(史) 중 하나인 남사·장융전(南史·張融傳)에 "천리마나 준마와 같이 재주나 능력이 출중하다(老驥龍文 / 노기용문)."는 구절이 있는데, 이는 신동(神童)이나 영재를 일컫는다. 김주형이말로 골프계의 신동이자 영재로서 노기용문과 다름 아니리라.

김주형이 약관의 나이에 PGA투어대회에서 기라성 같은 프로들을 제치고 우승컵을 올리기까지 그 부모의 뒷바라지에도 경의를 표하며, 앞으로 그가 세계무대에서 일취월장하기를 기원해 마지않는다.

08

한 사람이 24시간 동안 851홀을 돌다니

24시간에 라운드한 최다 홀의 수, 하루에 달성한 최다 에이지 슈트의 수, 그리고 1년에 라운드한 최다 홀의 수는 얼마나 될까?

골퍼들이 세운 이 부문의 기록을 보면 초인적 기록이라 하지 않을 수 없다. 일반인이 도저히 범접할 수 없는 의지와 체력 및 실력 등이 최적의 상태에서 최고의 효과를 발현한 것이리라.

이에 대하여 관련 뉴스(서창우, http://jtbcgolf.joins.com/news/news_view.asp?ns1=25306&news_type=15, 2014. 12. 22, jtbc)를 바탕으로 그 이색 기록의 내용을 소개한다.

24시간에 라운드한 최다 홀의 수는 몇 홀이나 될까? 로브 제임스(캐나다)는 2004년 캐나다 에드먼턴에 있는 빅토리아GC(9홀, 3002야드)에서 47라운드를 조금 넘긴 851홀을 돌파하였다.

하루에 달성한 최다 에이지 슈트(age shoot)의 수는 몇 회나 될까? 에이지 슈트는 골퍼가 나이 이하의 타수를 치는 것을 말한다.

봅 커즈(73세, 미국)는 2012년 알라바마주 오크스GC에서 하루에 총 9라운드를 했는데, 첫 5라운드에서 70 – 68 – 68 – 67 – 69타를 쳤고, 마지막 2라운드에서 70 – 69타를 기록했다.

1년에 라운드한 최다 홀의 수는 몇 홀이나 될까? 크리스 아담(캐나다)은 2012년 무려 1만 4,625홀을 돌았다. 골프다이제스트는 "이 사람은 미혼임이 확실하다."고 추측했다.

이틀간 라운드한 최다 국가의 수는 몇 개국이나 될까? 캐스퍼 데벌프(벨기에)와 알렉산더 하트카이트(벨기에)는 2013년 이틀간 이탈리아 타르비시오CC를 비롯하여 슬로베니아, 오스트리아, 독일, 프랑스, 룩셈부르크, 네덜란드의 골프장을 거쳐 벨기에 다메GC에서 라운드를 소화해 냄으로써 8개국 돌파라는 초인적 기록을 달성했다.

위에서 소개한 골퍼들이 한 인간으로서 이색 기록에 도전하여 달성한 것을 보면, 틀림없이 골프에 대한 애정이나 열의가 주말골퍼들의 명랑 라운드와는 비견할 수 없는 경지라고 할 것이다.

중국 송나라 문인인 이청신(李淸臣)의 글에 "기량이나 재주가 출중한 수준이어서 일반인이 이루어 낼 수 없다(神功妙力 / 신공묘력)."라는 구절이 있는데, 위 골퍼들이야말로 신공묘력을 발휘하여 골프의 특이부문에서 진기록을 세운 것이라 하겠다.

한 인간이 어떤 목표를 설정한 후 강인한 의지와 부단한 노력을 통하여 끝내 그 목표를 달성해 내는 것은 분명 뭇 사람들에게 울림 있는 감동과 깊이 있는 메시지를 전한다.

09

6번 아이언만으로 2언더를 치다니

골프부문의 기네스 세계기록에는 매우 이색적인 도전들이 즐비하다. 여기에는 한 클럽으로 18홀 최저타 치기, 한 날에 가장 먼 거리에서 두 라운드 하기, 한 팀의 최단 시간 라운드 하기, 12시간 동안 한 목표지점에 최다 샷 하기, 최단시간 포볼게임 하기도 포함된다.

주말골퍼가 생각해 내기 어려울 정도로 그 부문이 경이로우면서도 신선해서 그 도전정신에 대한 박수를 보낼 만하며, 아울러 상당한 호기심을 자극하기도 한다.

이에 대하여 관련 자료(Michael Catling, https://www.todays−golfer.com/news−and−events/general−news/2018/january/9−guinness−world−records−you−could−actually−break/, 2022. 6. 29, Golfer)를 바탕으로 그 주인공들의 도전 내용을 살펴본다.

쌔드 데이버(미국)는 1987년 세계 한(one) 클럽 챔피언십에서 6번 아이언만으로 2언더파 70타를 쳐서 이 부문의 세계기록을 달성했다.

오시 존 노벨(호주)은 2006년 시드니에 있는 더 코스트 GC에서 18홀을 돈 후 비행기로 15,979km를 날아가 같은 날 뉴욕에 있는 프레스트 파크 GC에서 라운드를 하여 이 부문의 세계기록을 세웠다.

80명으로 구성된 그룹은 2005년 영국 써리에 있는 파르넴GC에서 18홀을 도는데 13분 42초를 돌파하여 이 부문의 기록보유자가 되었다. 이 부문의 기록에서 그룹의 구성원 수에 대한 제한은 없다.

브라이언 차(홍콩)는 2013년 홍콩에 있는 화이트헤드GC에서 2시간 동안 한 목표지점에 9,959회의 샷을 하여 이 부문의 기록을 세웠는데, 매 샷당 4.33초밖에 걸리지 않았다.

벤 크로스비, 앤드류 크로포드, 존 리온, 럿셀 해이호우는 2014년 영국 노썸버랜드에 있는 폰테랜드GC에서 1시간 4분 25초에 포볼 게임(2인씩 두 팀이 각자의 공으로 경기를 하여 팀당 낮은 스코어로 승부를 가르는 게임)으로 18홀을 돌아 이 부문의 세계기록을 세웠다.

위에서 예시한 여러 부문의 도전자들은 무엇 때문에 힘겨운 목표를 설정한 후 극한의 노력을 다하여 최고 기록을 달성한 것일까? 그들은 "도전이 인생을 흥미롭게 만드는 것(조슈아 마린)" 외에도 성취를 통한 행복감을 비롯하여 더 높고 깊은 그 무엇이 있을 것으로 생각된다.

논어(論語)에 "학문이나 재능을 증진시켜 최고의 경지에 도달하다(登堂入室 / 등당입실)."는 구절이 있는데, 여러 골프 부문의 각 기록보유자들은 강인한 의지와 부단한 노력으로 등당입실한 달인이라 하겠다.

위 기록보유자들이 어느 부문의 목표를 설정하고 고난의 과정을
극복하여 마침내 최고의 경지에 도달하는 모습은 주말골퍼나 일반
인에게 적잖은 감동과 교훈을 전한다.

10

64세에 최장타로 기네스북에 오르다니

현재까지 기네스북에 등재된 정규대회 드라이버 최장타는 471
미터(515야드)이다. 마이크 오스틴(미국)이 1974년 US 내셔널 시니
어오픈대회에서 기록한 것이다.

오스틴은 초장타의 드라이버를 친 프로골퍼였으나 프로대회에
서 우승한 경력이 없는 것을 보면, 아이언샷, 숏게임, 퍼트까지 정상
급 수준을 겸비하지 않으면 우승하기 어렵다는 것이리라.

이에 대하여 관련 기사(Peter Yoon, 2005. 11. 24, Los Angeles Times)를 바탕으로 당시의 상황과 오스틴의 골프스토리를 소개한다.

오스틴은 1974년 라스베이거스에서 열린 US 내셔널 시니어오 픈대회에서 드라이버로 471미터를 보냈다. 이는 세계기록 기네스 북에서 인증받은 드라이버 부문의 최장타였으며, 현재까지 그대로 유지되고 있다.

그는 당시 64세였으며, 스틸 샤프트로 된 감나무 드라이버와 발라타고무 커버의 골프공을 사용하였고, 초속 12미터의 뒷바람이 불었다.

오스틴은 위와 같은 장타를 구사하였음에도 불구하고 프로골퍼로서는 짧은 기간 동안 활동하였으며, 최고 성적은 1961년 온타리오 오픈대회에서 거둔 37위였다. 그는 장타에 흥분하여 입스로 고생했고, 숏게임이 말썽을 일으키기도 했다.

오스틴은 미국 에모리대와 조지아공대에서 물리학과 공학을 전공했으며, 조지아공대에서 신체운동학 박사학위까지 받았다. 그는 신체동작의 효율성을 중시한 스윙 개발에 과학적 연구경험을 접목했다.

오스틴은 젊은 시절에 샘 스니드, 바비 존스와 같은 골프계 전설들과 골프를 쳤다. 스틸 샤프트가 나왔을 때의 일화가 있다. 샘 스니드는 제조업체로부터 받은 클럽 세트를 그에게 주면서 "자네가 이것을 쓸 만큼 빠른 스윙을 가진 유일한 사람이네."라고 말했다.

최신 기술의 발달과 신소재의 개발로 골프클럽과 골프공의 성능이 진보를 거듭해 왔다. 그럼에도 불구하고, 오스틴의 기록이 현재까지 정규 프로대회의 최장타로 유지되고 있다는 것을 보면, 그 당시 얼마나 멀리 보냈는 지를 알 수 있다.

티샷 당시 초속 12미터의 뒷바람이 불기는 하였으나, 오스틴의 당시 나이가 64세인 점을 고려할 때 카트도로나 맨홀 등의 외적 도움도 가세하지 않았을까 추측해 본다.

오스틴이 초장타자이자 박사학위를 받은 학구파 프로골퍼였음에도 정규 프로대회에서 37위가 최고성적인 점을 보면, 박학다재(博學多才)보다는 한 영역에서 최고가 되어야 함을 일러준다.

중국 진서(晉書)에 "여러 마리의 닭보다는 한 마리의 출중한 학이 되라(群鷄一鶴 / 군계일학)."는 구절이 있는데, 골프에 비추어 보자면 탁월한 최고가 되어야 함을 의미한다고 하겠다.

프로대회에서 최고선수로서 우승의 금자탑(金字塔)을 쌓기 위해서는 드라이버를 포함한 각 영역 내에서 출중한 기량과 강인한 멘탈을 겸비한 초일류가 되어야 하는 것 아닌가 생각된다.

11

비행기 날개에서 티샷해 659미터를 보내다니

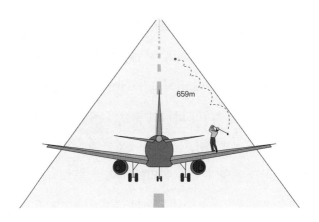

659m

헨릭 스텐손(스웨덴)은 비행기 날개 위의 특설 티에서 드라이버
로 티샷하여 골프공을 활주로 따라 659미터나 보낸 일이 있었다.

드라이버 티샷으로 최장타를 치기 위해서 비행기 날개 위의 티
샷 이벤트를 생각해 낸 것은 물론 활주로 장타 부문의 세계 기록을
경신하다니, 이는 항공사의 홍보 외에도 골퍼들에게 경이로운 즐거
움을 선사한다.

이에 대한 웹사이트의 뉴스레터(Paul O'hagan, https://www.golf monthly.com/news/tour−news/stenson−breaks−record−with−721− yard−drive−28327, 2007. 1. 18, Golf Monthly)를 바탕으로 그 상황을 살펴본다.

스텐손은 2007년 1월 에티하드항공 비행기의 날개 위에서 드라이버로 티샷을 날려 이 부문의 기록을 갈아치웠다. 그는 아부다비 국제공항의 활주로를 따라 659미터를 날려보낸 것이다.

비행기 날개 위의 티샷 이벤트는 에티하드항공이 아부다비 골프챔피언십을 홍보하기 위하여 마련한 것이었다. 그의 기록은 이안 풀터(영국)가 2006년 세운 기록보다 22.8미터 더 멀리 보낸 것이다.

스텐손은 신기록을 달성한 후 "이것은 믿을 수 없는 경험이다. 나는 작년에 이안 풀터의 기록을 보고 소름이 돋았는데, 그의 기록을 넘어서 정말 기쁘다."라고 소감을 말했다.

이 부문의 영국 우승자인 제임스 에프데는 위 이벤트에 대하여 "골퍼가 비행기 날개 위의 특설 티에서 골프공을 수평선으로 티샷하는 것은 평생 가져보고 싶은 경험이다. 스텐손은 줄곧 그 경험을 꿈꾸어 왔다. 나는 아부다비 골프챔피언십에서 프로골퍼가 실행에 옮기는 것을 볼 수 있기를 갈망했다."고 감동의 순간을 설명했다.

스텐손은 전년도 아부다비 골프챔피언십의 동일 이벤트에서 크리스 디마르코에 이어 2위를 기록하였으나, 위 이벤트에 재도전하여 세계 기록을 경신하는 개가를 올렸다.

스텐손이 골프 기량과 멘탈에서 출중하지만 위 이벤트에서도 최고 기록을 이뤄내다니 다방면에서 세계 정상급 프로골퍼임에 틀림없다.

그의 라운드를 보노라면 훤칠한 북유럽 신사이자 말쑥한 얼굴의 프로골퍼로서 고상한 품격을 지녔다고 생각해 왔는데, 이 이벤트의 신기록까지 보유하다니 골프계의 팔방미남이라 할 만하다.

중국 명나라 때 곡률(曲律)이라는 책에 "본업의 성적이나 성과가 매우 뛰어나다(當行出色 / 당행출색)."는 구절이 있는데, 스텐손의 세계기록 경신은 그 반열에 올랐음을 증명하는 것이리라.

주말골퍼가 위와 같은 특이 이벤트에 참여할 가능성은 거의 없다. 하지만, 프로암 대회를 비롯하여 여러 이벤트에 참여할 경우 고상한 품격의 골프신사라는 평을 들을 수 있도록 매너, 수준, 여유의 조화 속에서 골프를 즐기는 자세를 견지하고 싶은 바람이다.

12

꿈의 기록인 59타를 치다니

프로골퍼가 한 라운드에서 59타나 그 이하의 타수를 친다는 것은 평생 이루기 어려운 꿈의 기록이다.

프로골퍼가 1977년부터 최근까지 미국, 유럽, 일본 등의 투어대회(1, 2부)에서 이 기록을 달성한 수는 총 35명으로 알려져 있다.

파 72인 경우에는 13언더파를 쳐야 하고, 파 71인 경우에는 12언더파를 쳐야 하니, 출중한 기량과 최상의 컨디션 위에서 퍼팅의 신이 강림하지 않는 한 어떻게 이러한 매직 스코어를 달성할 수 있으리오!

이에 대하여 골프뉴스넷의 관련 통계(https://thegolfnewsnet. com/59-watch-rounds-59-professional-golf/, Golf News Net)를 바탕으로 꿈의 기록을 살펴본다.

알 가이버거(미국)는 1977년 대니 토마스 멤피스 클래식 2라운드에서 13언더파, 59타를 쳐서 첫번째 50대 타수라는 대기록의 장을 열었다.

두번째 기록은 그로부터 14년 지난 후인 1991년에 나왔다. 칩 백이 라스베이거스 인터내셔널 3라운드에서 13언더파, 59타를 쳤다.

여자프로로서는 아니카 쏘렌스탐이 2001년 스탠더드 레지스터핑 2라운드에서 13언더파, 59타를 쳐서 매직 스코어의 기록 명단에 이름을 올렸다.

한국인으로는 김성현 프로가 2021년 일본프로골프협회 투어 골프파트너 프로암 토너먼트 4라운드에서 12언더파, 58타를 기록했다.

일본인으로는 마사히로 구라모가 2003년 아콤 인터내셔널 1라운드에서 12언더파, 59타를 쳤으며, 료 이시카와가 2010년 더 크라운즈 4라운드에서 12언더파, 58타를 쳤다.

한 라운드의 최저 언더파는 알레잔드로 델 레이(스페인)가 2021년 스위스 챌린지 2라운드에서 세운 14언더파, 58타로 알려져 있다.

짐 퓨릭은 2013년 BMW챔피언십 2라운드에서 12언더파, 59타를 쳤고, 2016년 트래벌러스 챔피언십 4라운드에서도 12언더파, 58타를 쳐서 유일하게 두 차례나 50대 타수를 달성하였다.

50대 타수를 친 PGA 프로골퍼로서 주말골퍼들에게 낯익은 골퍼로는 데이비드 듀발(1999), 스튜어트 애플비(2010), 저스틴 토마스(2017), 스카티 셰플러(2020)를 들 수 있다.

라운드 별로는 2라운드가 17회로 가장 많았고, 1라운드가 8회로 그 다음 순위를 이어갔다. 2라운드가 최다수를 점한 것은 코스에 대한 적응과 이를 통한 심리적 안정감에서 비롯된 것으로 보인다.

한 골퍼가 투어대회의 한 라운드에서 12언더파 내지 14언더파를 쳐 58타나 59타라는 매직 넘버를 거머쥐다니, 이는 신의 영역에 근접한 진기록이라 하지 않을 수 없다.

이러한 진기록에는 인간의 노력도 한 몫 했다고 할 수 있다. 첨단 과학기술의 발달로 신소재 개발과 고효율 설계를 통해 헤드, 샤프트, 볼의 성능이 향상됨에 따라 비거리와 방향성 등이 개량되었기 때문이다.

중국 당나라 때의 이백(李白)이 산중문답(山中問答)에서 "풍경이 인간세계에서는 볼 수 없을 만큼 출중하고 아름답다(別有天地非人間 / 별유천지비인간)."고 묘사했다. 중국에서 이 구절을 기술, 경기, 예술 등의 영역으로 확장하기도 하는데, 한 라운드에서 50대 타수를 치는 것은 별천지에서나 볼 수 있는 꿈의 기록이리라.

주말골퍼에게 꿈의 기록은 무엇일까? 골프에 입문할 때는 100타를 돌파하는 것이겠으나, 구력이 쌓여가면서 싱글 골퍼, 나아가서는 이븐파나 에이지 슈트가 포함될 수 있을 것이다.

13

갤러리 방해로 첫 메이저 우승을 놓치다니

호주의 대표적 프로골퍼인 그렉 노먼은 1986년 US오픈 대회의 최종라운드에서 갤러리의 입방아방해로 다잡은 우승을 날려버린 일이 있었다.

프로골퍼가 메이저 대회에서 우승컵을 들어올린다는 것은 별 따기만큼 어렵다고 할진대, 우승을 앞두고 갤러리의 입방아로 흔들리면서 우승을 놓치다니 얼마나 가슴 아픈 사연인가?

이에 대하여 관련 기사(Pat Ralph, https://golf.com/news/ greg-norman-approached-heckler-1986-us-open/, 2019. 4. 1, Golf)를 토대로 그 당시의 상황을 살펴본다.

노먼은 1986년 뉴욕주 쉬네콕 힐스에서 열린 US오픈의 최종라운드에서 우승을 앞두고 있었다.

그는 최종라운드 내내 갤러리의 거친 입방아에 시달려 매우 힘들었다.

한 갤러리는 노먼에게 "당신은 빌어먹을 호주 사람이니, 집으로 꺼져라! 당신은 골프를 칠 수 없다. 숨 막히고 말 거다."라고 지껄였다. 이러한 방해는 그린에서 티샷지점으로 걸어가는 사이에 귓속을 맴돌았기 때문에 매우 힘겨웠다.

노먼은 한 방송의 인터뷰에서 그때의 에피소드를 털어놓았다.

"그럴 때 게임에 집중하는 것은 힘들어서, 그때 평정심을 좀 잃었다. 나는 갤러리에게 반응해서는 안 되었는데, 그에게 다가가서 누구인지 확인했다. 그리고 바로 우측으로 샷을 날린 후 그 갤러리에게 걸어가서 그에게 '봐라! 네가 나에게 말할 게 있으면, 라운드가 끝난 후 주차장에서 그렇게 말해봐라!'"

노먼은 그때의 상황을 회고하면서 "그 사태는 잘못된 것이었다. 나는 골프의 규정을 어겼다. 갤러리의 입방아로 진절머리가 났지만, 결코 그렇게 해서는 안되었다. 내가 나 자신을 돌아보거나 한 단계 올라가는데 가르침이 되었다."고 말했다.

그는 갤러리의 입방아에 평정심을 잃은 나머지 첫번째 메이저 타이틀을 놓치고 말았다. 그는 최종라운드에서 75타를 치면서 6타차로 레이몬드 플로이드에게 우승컵을 넘겨줘야 했다.

그로부터 한 달 후, 그는 디오픈에서 우승함으로써 첫 메이저 타이틀이라는 개가를 올렸다.

노먼이 갤러리의 입방아로 평정심을 잃은 바람에 첫 메이저 타이틀을 놓치다니, 그의 당시 심정을 어떻게 말로 다 표현할 수 있으리오!

메이저 대회는 명예, 상금, 광고 등 여러 면에서 일반 대회보다 훨씬 더 큰 압박을 받게 되는데, 갤러리가 근접한 거리에서 우승을 앞두고 있는 선수에게 모욕적인 언사로 방해를 한다면 누가 흔들리지 않을 수 있겠는가?

그럼에도 불구하고 노먼이 메이저 타이틀 보유자가 되기 위해서는 고도의 평정심을 발휘하여 이러한 상황을 극복했어야 했다.

전국시대 도가(道家)의 대표인물인 장자(莊子)는 "나무로 만든 닭의 평정심을 기르라(木鷄養到 / 목계양도)."고 강조하면서 평정심의 중요성을 일갈했다. 노먼이 갤러리의 모욕적 언사도 초월할 수 있는 평정심을 발휘했더라면 US오픈 대회에서 첫 메이저 타이틀을 거머쥐었을 것이다.

노먼은 그로부터 한 달 간의 절치부심과 대오각성을 거친 후 마침내 디오픈 대회에서 우승컵을 들어올렸으니, 그의 강인한 정신력과 집요한 목표실행력은 골퍼에게 커다란 가르침과 깊은 감동을 선사한다.

14

12시간 부문에서 237홀을 돌다니

　브래드 루이텐(뉴질랜드)은 2016년 12시간 최다홀 라운드 부문에서 237홀의 비공식 기록을 세운 바 있다.

　골퍼가 하루에 2라운드를 도는 것도 힘겨운데, 11시간 20분에 237홀을 돌다니 초인적 정신력과 철인의 체력에 경탄하지 않을 수 없다.

　이에 대하여 관련 홍보글(Brandi Shaffer, https://clubandresort business.com/new-zealander-plays-237-holes-golf-12-hours/, 2016. 12. 19.; Jay Boreham, https://www.stuff.co.nz/auckland/local-news/rodney-times/87545223/237-holes-in-12-hours-luiten-s mashes-record, 2016. 12. 14.)을 바탕으로 그가 기록에 도전한 목적과 달성 과정을 살펴본다.

　루이텐은 2016년 12월 오전 7시 40분 뉴질랜드 카우카파카파에 있는 헬렌스빌GC에서 12시간 최다홀 라운드 부문의 기록에 도전했다.

그가 이 기록에 도전한 목적은 뉴질랜드 대장암 기금을 모으고 직전 해에 질병으로 사망한 축구코치 친구를 기리기 위해서였다.

그 당시까지 이 부문의 기네스 기록은 스콧 홀랜드(캐나다)가 2005년 세운 221홀이었다.

리우텐은 샷을 적게 할수록 그가 공을 향해 달려가는 시간을 줄일 수 있었으므로, 공을 최대한 빨리 찾기 위하여 친구들을 코스 주변의 여러 곳에 배치시켰다. 또한, 그는 캐디백을 메지 않았음은 물론 6번 아이언 하나로 샷을 했다.

리우텐은 11시간 20분 동안 약 97km를 달리며 237홀을 돌았다. 그는 당시의 기록인 221홀을 경신하였으므로 40분을 남긴 상태에서 더 이상 플레이를 계속하지는 않았다.

그는 운동연습을 공유하는 소셜 미디어 플랫폼인 스트라바(Strava)에 전 과정의 기록을 업로드했으나 당시 기네스 세계기록으로 등재되지는 않았다.

위 기록 외에, 리우텐은 2015년 아동병원의 기금을 모으고자 '목발 짚고 10km 달리기 부문'에 도전하여 세계기록을 보유하고 있다. 또한, 그는 하프 마라톤에서 1시간 11분의 기록을, 풀코스 마라톤에서 2시간 39분의 기록을 세운 바도 있다.

그 기록이 기네스 세계기록으로 등재되었는지 여부를 떠나 그가 11시간 20분 동안 97km를 달리며 237홀을 돌았다는 사실은 뭇사람들에게 경이로운 충격을 주고도 남으며, 그의 초인적 도전에 감탄을 금할 수 없다.

중국 명나라 때의 장편소설인 영열전(英烈傳)에 "신기할 정도의 초인적 능력(神工鬼力 / 신공귀력)"이라는 구절이 있는데, 리우텐이 세운 기록이야말로 신공귀력의 소산이 아닐까 생각된다.

특히, 그가 여러 부문의 세계기록에 도전하는 목적이 자신의 능력을 내세우기 위한 것이 아니라 뉴질랜드 대장암 기금과 아동병원 기금을 모으기 위한 것으로 알려져, 그가 보여온 극한 도전들의 의미와 가치가 우리에게 큰 감동을 전한다.

15

65세에 메이저대회에서 우승하다니

베른하르트 랑어(독일)가 2023년 7월 65세의 고령으로 US 시니어 오픈에서 우승컵을 들어올림으로써 경이로운 대기록을 세웠다.

그는 최고령의 우승 외에도 챔피언스 투어에서 46승으로 최다승이라는 금자탑을 쌓다니, 이는 초인적 쾌거라 하지 않을 수 없다.

이에 대하여 관련 기사(Jim Owczarski, https://golfweek. usatoday. com/2023/07/02/bernhard－langer－us－senior－open－46th－champions －tour－win/, 2023. 7. 2, Golf Week)를 토대로 우승 상황을 살펴

본다.

랑어는 미국 위스콘신주 센트리월드GC에서 열린 US 시니어 오픈에서 PGA의 최고 선수였던 스티브 스트리커, 최고 컨디션의 제리 켈리와 치열한 우승경쟁을 하였다. 더욱이 그곳은 그들의 고향이어서 그를 포위한 것이나 다름 없었다.

그는 2타 차 선두로 최종라운드를 시작하여 총 7언더파로 챔피언스투어 46승이라는 최다승의 고지에 우뚝 섰다.

그는 "굉장한 일이다. 여기까지 오는데 오랜 시간이 걸렸지만, 너무 행복하다. 그 순간이 US 시니어 오픈에서 오리라고는 전혀 생각지 못했다."고 대기록의 소감을 피력했다.

랑어는 통산 12승의 최다 시니어 메이저 타이틀을 보유하게 되었으며, US 시니어 오픈에서만 두번이나 우승했다. 또한, 챔피언스투어에서 11시즌에 걸쳐 복수의 우승 기록을 가지게 되었으며, 이는 해일 어윈과 같은 기록이다.

그는 "골프공은 우리 나이가 얼마나 되는지 알지 못하므로, 우리는 최선을 다할 뿐이다."라고 하였는데, 골퍼들에게 심금을 울리는 명언이다.

최종라운드 5번홀(파5)의 경기는 예상밖 상황으로 극도의 긴장감이 넘쳤다. 스트리커는 2온을 노렸으나 두번째 샷이 그만 연못에 빠지는 바람에 보기를 기록하고 말았다.

반면에, 랑어가 친 공은 뻘로 된 둔덕에 떨어졌다. 그는 신발과

양말을 벗고 바지를 걷어 올린 후 살짝 쳐내서 버디를 잡았다.

그는 이러한 위기를 잘 극복하여 13홀에서 켈리에 5타차로 앞서게 됨에 따라 마지막 세 홀에서 연거푸 보기를 했지만 우승에 걸림돌이 되지는 못했다.

그는 65세의 고령임에도 이번 대회에서 드라이버 정확도 1위(87.3%), 그린 안착률 1위(73.2%)라는 초격차를 과시했다.

랑어가 65세라는 최고령에 50대의 정상급 프로들과 메이저대회에서 46승이라는 최다승의 타이틀을 거머쥐다니, 이는 당분간 깨지기 어려운 대기록이리라.

그의 말대로 골프공은 골퍼의 나이를 따지지 않는다고 하지만, 고난도의 코스에서 사흘간 육중한 정신적 압박과 체력적 한계를 극복한다는 것은 지극히 어려운 일이다.

중국 송나라 때의 안수(晏殊)는 접연화(蝶戀花)라는 사(詞)에서 "홀로 높은 누각에 올라 하늘끝 먼 길을 바라보노라(獨上高樓, 望盡天涯路 / 독상고루, 망진천애로)!"고 표현했는데, 랑어야말로 누구도 세우지 못한 금자탑에 올라 아득한 하늘끝 먼 길을 쳐다볼 만하다.

주말골퍼들 중에서 고령임에도 놀랄 만한 드라이버 거리에 예술적인 어프로치 실력이며 예리한 펏까지 겸비한 고수를 보노라면 골프공이 골퍼의 나이를 따지지 않음을 새삼 알 수 있다.

16

마스터스 대회에서 90cm를 6펏 하다니

유연 스윙의 교과서인 어니 엘스(남아공)가 2016년 최고의 권위
와 명성을 자랑하는 마스터스대회에서 약 90cm를 6펏한 대참사가
있었다.

주말골퍼도 3펏 정도면 홀을 마칠 수 있을 텐데, 4회의 메이저
우승을 포함하여 47회의 투어 우승에 빛나는 그가 이런 불명예의 주
인공이 되다니 믿겨지지 않는다.

이에 대하여 관련 기사들(Chip Patterson, https://www.cbssports.
com/golf/news/2023-travelers-championship-leaderboard-scores-
denny-mccarthy-nearly-holes-out-for-59-in-round-1/, 2016.
4. 7, CBS; https://www.jacksonville.com/story/sports/pga/2016/ 04/08/
masters-notebook-six-putts-ernie-else-first-hole/15706721007/,
2016. 4. 8, Florida Times Union)을 토대로 그 당시의 상황을 살펴
본다.

엘스는 2016년 4월 조지아주 오거스타 내셔널 골프장에서 열린 80회 마스터스대회 1라운드 첫 홀(파4)에서 티샷을 순조롭게 날려 페어웨이에 안착시켰다.

그는 약 90cm의 파 펏에 실패하면서 사달이 났다. 첫 펏이 홀의 왼쪽을 지나 30cm 지점에 섰다. 이 거리의 보기 펏에 이어 다시 60cm의 더블보기 펏을 놓쳤다.

그 펏을 놓치고 나니 이번에는 1.2미터나 남게 되었다. 이는 첫 펏의 거리보다 더 길어서 심적 압박을 받기에 충분했다. 그 압박을 이기지 못하고 트리플보기 펏도 실패했다.

남은 거리가 30cm였으나 이 또한 그를 육중하게 짓눌렀다. 이 펏마저 놓친 뒤, 남은 30cm의 펏을 간신히 마무리하면서 기나긴 지옥의 터널을 빠져나왔다.

그는 6펏의 대참사 전에 오거스타의 그린은 2000년대 초반 이래 가장 단단하면서도 가장 빠르다고 말한 바 있다. 그 6펏 거리는 그래픽으로 처리하기에는 너무 짧아서 3펏 이상을 그려낼 수 없다는 댓글도 있었다.

그는 첫 홀에서 9타를 치는 바람에 1라운드에서 8오버파라는 참담한 스코어를 기록하고 말았다.

엘스의 첫 홀 6펏은 마스터스대회의 첫 홀 스코어 역사에서 최다 펏의 기록으로 남게 되었으니, 그의 당시 심정을 어떻게 말로 다 표현할 수 있었으리오!

당신도 겪을 수 있는 골프장 사건 50

위 사례는 골퍼가 프로인지 여부나 세계 최고 수준인지 여부에 관계 없이 자신을 이기지 못하는 경우 순식간에 뜻하지 않은 대형 실수로 이어질 수 있음을 단적으로 보여준다.

전국시대 법가(法家)의 창시자인 상앙(商鞅)은 상군서(商君書)에서 "강적을 이길 수 있는 자는 먼저 자신을 이기는 자이다(能勝强敵者, 先自勝者也 / 능승강적자, 선자승자야)." 라고 강조했다. 엘스가 퍼팅을 비롯한 자신의 문제점을 제대로 파악하여 자신을 이겨낼 수 있었더라면 위와 같이 6퍼팅이라는 대참사를 피할 수 있었을 것이다.

주말골퍼도 고난도 그린에서 퍼팅을 해야 하는 상황에 부딪칠 수 있는데, 미리 캐디의 경사 설명과 자신의 세밀한 관찰을 바탕으로 차분하게 퍼팅을 한다면 그 위험을 최소화할 수 있을 것이다.

17

5년만에 우즈 징크스를 벗어나다니

어니 엘스(남아공)는 1998년 조니워커 클래식부터 2002년 마스터스까지 타이거 우즈에게 연거푸 패하여 우즈 징크스로 홍역을 치른 일이 있었다.

엘스는 US 오픈 우승 등으로 슈퍼 스타의 등장이라는 관심을 끌었는데, 1년 남짓 후부터 우즈와의 대회에서 연패의 낙인을 떼지 못했으니, 대회 때마다 겪었던 힘겨움과 괴로움은 오죽했을까?

이에 대하여 관련 기사(이건실, http://monthly.chosun.com/client/news/viw.asp?ctcd=&nNewsNumb=200209100051, 2002. 9, 월간조선; 나종호, https://www.chosun.com/site/data/html_dir/2000/07/22/2000072270055.html, 2000. 7. 22, 조선일보)를 토대로 그 과정과 심정을 살펴본다.

엘스는 1994년과 1997년 US 오픈에서 우승컵을 들어올리면서 슈퍼 스타의 등장을 예고했다. 그러나 이러한 예고는 그리 오래가지 않았다. 우즈가 1996년 프로에 데뷔한 후 1998년경부터 그를 징크스의 심연으로 몰아 부쳤기 때문이다.

엘스는 1998년 조니워커 클래식에서 우즈에 8타나 앞서다 최종 라운드에서 패하더니, 2000년 US오픈에서는 15타 차 패배의 나락으로 떨어졌고, 브리티시 오픈에서도 연거푸 우승 문턱에서 그에게 밀렸다.

그 때문인지 2001년에는 미국과 유럽 투어에서 우승과는 동떨어진 기록으로 깊은 슬럼프에서 헤어나지 못했다. 2002년 4월 마스터스 최종 라운드에서는 우즈에 2타 차까지 따라붙었다가 막판 트리플보기로 무너진 후, "내가 아무리 잘 해도, 우즈는 항상 내 앞에 있다."고 푸념하기도 했다.

그로부터 몇 개월 후인 7월, 브리티시 오픈은 우즈에겐 사상 초유의 한 해 그랜드슬램 달성이라는 교두보가 될지, 엘스에겐 우즈 징크스를 극복하는 전환점이 될 지 골프계에서 커다란 주목을 끌었다.

그런데, 브리티시 오픈의 여신은 오랜 우즈 징크스로 고행 중인 엘스의 편이었다. 3라운드에서 몰아 닥친 스코틀랜드의 악천후는 우즈의 발목을 거칠게 붙잡았던 것이다.

우즈는 1996년 프로 데뷔 후 최악의 스코어인 10오버파 81타를 기록했다. 이에 따라, 81명 가운데 공동 67위로 곤두박질치며 선두인 엘스와는 무려 11타 차로 밀려났다.

반면에, 엘스는 이런 악천후와 연패의 모진 압박 속에서도 브리티시 오픈의 우승트로피를 높이 들어올렸다. 5년 만에 우즈 징크스의 심연에서 벗어나 골프의 본향에서 클라레 저그(Claret Jug)로 향기로운 축배를 들 수 있었다.

엘스가 1998년 조니워커 클래식에서 우즈에 8타나 앞서다 최종
라운드에서 패하였을 때 형언할 수 없는 고통과 견디기 어려운 좌절
을 맛보며 골프계를 떠나고 싶은 심정마저 들었으리라.

"아무리 잘 해도 우즈가 항상 그 앞에 있다."는 그의 푸념은 그가
오랫동안 깊고 어두운 나락에서 허덕였음을 쉽게 짐작할 수 있다.

노자(老子)는 도덕경(道德經)에서 "유연성을 견지함이 강한 것이
다(守柔曰强 / 수유왈강, 52장)."라고 충고했다. 엘스가 유연 스윙의 대
명사답게 징크스, 콤플렉스 등 육중한 정신적 압박을 이기는 데는
유연하게 견지하여 극복하라는 노자의 충고가 도움되었을 것이다.

주말골퍼가 골프의 동작이나 멘탈에서 다양한 어려움에 직면하
더라도, 도덕경의 가르침대로 유연함을 견지할 수 있다면 지혜롭게
그곳에서 벗어나 골프의 꿀맛과 인생의 참멋을 즐길 수 있으리라.

18

골프로 지구를 560바퀴나 돌다니

게리 플레이어는 프로 데뷔 후 현역선수로 2,252만km를 다니며 세계 각국에서 라운드한 진기록을 가지고 있다.

그는 남아공의 골프전설이자 1세대 골퍼로서 강인한 체력을 바탕으로 초인적 노익장을 과시하다니, 골퍼들은 물론 뭇사람들의 경탄을 자아내기에 충분하다.

이에 대하여 관련 기사(https://www.golfcircus.com/en/gary−player−a−true−legend/, 2020. 4. 14, Golf Circus; 이지연, http://mobile.jtbcgolf.joins.com/news/news_view.asp?idx=22759, 2013. 7. 11, jtbc)를 토대로 그 내용을 살펴본다.

플레이어가 세계 각국의 수많은 대회에 출전하며 이동한 총 거리는 약 2,252만km에 달하며, 이는 지구를 무려 560여 바퀴나 돈 셈이다.

그의 신장은 168cm, 체중은 68kg로 골프선수 치고는 왜소한 편이다. 그럼에도 불구하고, 그가 위와 같은 초인적 투어생활을 할 수 있었던 것은 상상을 초월하는 체력단련의 소산이었다.

그는 70대까지 평소 하루 1,200개의 윗몸 일으키기를 하고 45kg짜리 덤벨과 113kg짜리 바벨을 들어올리며, 평소에 엘리베이터를 타지 않고 대부분 걸어다녔다고 한다.

그는 2013년경 "운동을 열심히 한 덕분에 내 신체 나이는 아직 45세밖에 되지 않는다."며 "열심히 운동하고 적당히 먹으면 뱃살을 방지할 수 있고 나처럼 건강한 몸을 가질 수 있다."고 말했다.

플레이어는 1953년 프로에 데뷔한 뒤, PGA투어에서 24승(메이저 9승)을 거두며 아놀드 파머, 잭 니클라우스와 더불어 한 시대를 풍미했다. 또한, 위와 같이 지속적인 체력단련을 바탕으로, 1985년 시니어 투어인 챔피언스 투어에 데뷔한 뒤에도 19승(메이저 6승 포함)을 올렸다.

심지어, 그는 '미스터 피트니스(Mr. Fitness)'라는 호칭에 걸맞게 2013년 78세의 고령에 '바디 이슈(Body Issue)'라는 잡지의 누드 화보에서 커다란 모형 골프공을 들어올리는 포즈로 탄탄한 근육을 뽐내기도 했다.

플레이어가 부단한 체력단련을 바탕으로 지구 560여 바퀴에 달하는 2,252만km의 초인적 투어를 소화하다니, 누구도 근접하기 어려운 기록임은 두 말할 나위가 없으리라.

더욱이, 그는 미스터 피트니스라는 호칭이 붙을 정도로 다방면에서 왕성하게 활약한 점에 비추어 보면 인간의 한계가 의지와 노력에 의하여 확장될 수 있음을 알 수 있다.

중국 유가(儒家)의 사상가인 순자(荀子)는 "잘 먹고 제 때 운동하면 하늘은 병들게 하지 않는다(養備而動時, 則天不能病 / 양비이동시, 즉천불능병)."라고 영양관리와 체력단련의 중요성을 강조했다. 플레이어가 순자의 가르침대로 철저한 영양관리와 지속적인 체력단련을 다하지 않았다면 2,252만km의 초인적 투어를 마치지는 못했을 것이다.

주말골퍼도 이러한 영양관리와 체력단련을 위해 최선의 노력을 다한다면 라운드 과정에서 발생하는 부상에서 벗어나 보다 건강하고 즐거운 골프 라이프를 오래 향유할 수 있을 것이다.

19

세계 최고, 최장의 파3에서 버디를 하다니

400m

프랭클린 스티븐슨(바베이도스)은 세계 최고도, 최장의 파3 홀에서 처음으로 버디를 기록한 일이 있다.

남아공에 있는 이 홀은 해발 400미터, 길이 361미터로서 극한 체험의 19홀로 알려져 있으며 홀인원 부상으로 100만 달러가 걸려 있다.

이 홀은 티샷을 위하여 헬리콥터를 타고 올라가야 하며 티샷 공이 착지하는데 약 30초가 걸리다니, 그야말로 기발한 상상력으로 설계된 극한 체험의 골프 무대이리라.

이에 대하여 관련 글(https://en.wikipedia.org/wiki/Extreme_19th; Jason Scott Deegan, https://www.golfpass.com/travel−advisor/articles/adventure−golf−playing−the−extreme−19th−hole−at−the−legend−golf−safari−resort−in−south−africa, 2016. 2. 1, Golf Pass)을 토대로 그 내용을 살펴본다.

프로 크리켓 선수인 스티븐슨은 이 홀에서 처음으로 버디를 잡았다.

이 홀은 남아공 림포포주 엔타베니 사파리보호구역 내 레전드 골프 사파리조트에 있다. 이 곳은 요하네스버그로부터 북서쪽으로 자동차로 두 시간 반 떨어진 곳에 있다.

이 홀에서 티샷을 하기 위해서는 헬리콥터를 타야 하고, 티샷지점과 그린 간의 고도차가 400미터나 되다 보니 티샷한 공이 착지하기까지 약 30초 정도가 걸린다. 그린은 벙커에 의하여 둘러싸여 있는데, 그 모양이 아프리카 대륙과 비슷하다.

수천 명의 도전자가 이 홀에서 티샷을 날렸지만 아직까지 100만 달러의 홀인원 주인공은 나타나지 않았다.

스티븐슨을 비롯하여 14명의 골퍼가 버디를 했으며, 프로골퍼로서 처음 파를 기록한 패드릭 해링턴 등 143명의 골퍼가 파를 했고, 최경주, 저스틴 로즈, 세르지오 가르시아 등이 보기를 한 바 있다.

'골프 패스(Golf Pass)'의 에디터인 제이슨 디건은 "이 산에서 6

회의 티샷을 위해 45분간 체험하는 것은 멋진 일이다. 이 체험에 참여한 모든 골퍼가 꼭대기에서 티샷을 하는 것이 큰 행운이라는 믿음을 갖고 떠나게 되었다."고 극한 체험의 소감을 피력했다.

골프장 설계자를 비롯한 관계자들이 극한 체험의 이벤트 홀을 통해 골퍼들에게 오묘한 신비감과 잊기 어려운 추억을 선사하다니 경탄을 금할 수 없다.

골퍼가 이역만리 아프리카에서 헬리콥터를 타고 이 홀에 당도하여 신비감 넘치는 티샷을 하노라면, 그는 선경에 올라 이색골프를 즐기는 신선이라 할 수 있으리라.

중국 청나라 때의 관료이자 문인인 임칙서(林則徐)의 시에 "푸른 산은 먹을 더하지 않아도 천 년 가는 그림이고, 초록빛 물은 줄이 없어도 만고불변의 거문고라오(靑山不墨千秋畫, 綠水無弦萬古琴 / 청산불묵천추화, 녹수무현만고금)."라는 구절이 있다.

이 시구를 골프에 이어본다면, 백구가 대지의 그린을 향해 날아가는 모습은 천 년 가는 그림이요, 창공의 대기를 가르며 내는 소리는 만고의 거문고 곡조라 할 만하다.

필자에게 다시 남아공에 갈 기회가 생긴다면 필히 시간을 내어 이 극한 체험의 홀에서 티샷을 날리고 임칙서의 위 시구를 읊어 보고싶다.

20

소렌스탐이 OB 없이 트리플보기를 하다니

골프여제인 아니카 소렌스탐(스웨덴)이 2006년 미국여자프로골
프협회(LPGA) 투어대회에서 OB를 내지 않고도 트리플보기를 한 일
이 있었다.

주말골퍼도 OB 없이 트리플보기를 하면 한숨을 쉬며 자책하기
일쑤인데, 골프여제가 이러한 상황에 처하게 되었으니 그 당시의 심
정은 오죽했으랴!

이에 대하여 관련 기사(김경수, https://www.hankyung.com/sports/
article/2006112953071, 2006. 11. 29, 한국경제)를 토대로 그 당시의 상
황을 살펴본다.

소렌스탐은 2006년 LPGA투어 사이베이스클래식 최종라운드 9
번홀(파4)에서 두번째 샷을 하였다. 그 홀의 그린은 솥뚜껑 모양의
지형이라서 홀 주변에 공을 세우기가 무척 어려운 상황이었다.

소렌스탐은 9번 아이언으로 세번째 샷을 했으나 홀을 향해 가다

가 뒤로 굴러내려왔다. 이번에는 SW로 네번째 샷을 했으나 다시 내려오고 말았다. 이어서 PW로 다섯번째 샷을 하여 겨우 홀 주변에 세운 후 2퍼트로 홀아웃을 하였다.

결국 그는 파 4홀에서 3회의 어프로치 샷을 한 뒤 5온 2퍼트를 하여 트리플보기를 기록하고 만 것이다. 그 여파가 적지 않아서인지 최종라운드에서 3오버를 기록하여 우승경쟁에서 벗어났다.

주지하다시피 그는 LPGA투어 메이저대회 10승을 포함하여 72승에 빛나는 최고의 골프여제로서 꿈의 기록인 18홀 59타를 비롯하여 각종 기록의 보유자다.

소렌스탐이 파 4홀에서 OB 없이 3회의 어프로치에 트리플보기를 한 후 공을 집어들면서 황망하기 그지 없었을 텐데 어떻게 이를 말로 다 표현할 수 있었으리오!

골프란 프로인지 여부나 세계 최고인지 여부를 떠나 무한한 상황 앞에서 골퍼의 유한한 측면을 잘 대비해 준다. 그럼에도 불구하고 골퍼로 하여금 여러 위험상황을 미리 대비하여 슬기롭게 극복해 낼 것을 요구한다.

중국의 철학서인 예기(禮記)에 "일을 하거나 상황이 생기기 전에 미리 대비하면 성공할 수 있다(事豫即立 / 사예즉립)."라는 구절이 있는데, 골프에서도 코스나 그린의 상황 또는 위험을 미리 알고 주도면밀하게 대비한다면 위험에서 벗어나 좋은 결과를 도출할 수 있다는 것이다.

주말골퍼가 라운드 중에 다양한 위험상황에 직면하게 되는데, 미리 캐디에게 지형이나 상황에 대한 설명을 잘 듣거나 파악하여 치밀하게 대비한다면 솥뚜껑그린을 비롯한 여러 리스크를 벗어나는 데 도움이 될 것이다.

II

민사

01

홀인원의 행운이 법정 싸움으로 치닫다니

2008년 9월, ○○골프장에서 홀인원 부상으로 금 3,540만원 상당의 자동차 1대가 걸린 회원친선골프대회가 열렸다.

B씨는 홀인원을 하였으나 5일이 지난 시점에 골프장에 의해 실격 처리되어 법정에까지 가게 되었다.

이에 관한 대구지방법원 판결(2009. 8. 9. 선고 2008가단101947)의 주요 내용을 소개한다.

B씨는 자신이 지정홀에서 홀인원을 했고 당일 결과 발표와 더불어 상패를 시상했으므로 골프장을 상대로 홀인원 부상인 자동차를 달라는 소송을 냈다.

골프장은 B씨의 홀인원이 실격 처리되었으므로 홀인원상을 받을 수 없다고 주장했는데, 그 이유는 아래와 같다.

골프대회 당시 위 골프장의 프런트와 식당 입구 게시판에 실버티는 70세 이상만 사용할 수 있다는 로컬 룰을 게시했음에도 불구하고, 63세에 불과한 B씨가 지정홀의 실버티에서 홀인원을 했다는 것이다. 또한, 골프규칙이나 골프경기의 기본 정신에 비추어 홀에 따라 티샷 지점을 옮겨 다닐 수 없음에도 불구하고, 다른 홀에서는 레귤러티를 사용한 B씨가 지정홀에서만 실버티를 사용했다는 점을 내세웠다.

이에 대하여, B씨는 실격사유가 없을 뿐만 아니라 신의칙에도 반하므로 실격 처리가 부당하다고 주장했다.

즉, 골프대회 당시 골프장 주장과 같은 로컬 룰이 게시된 적이 없고, 홀에 따라 티샷 지점을 옮겨 다닐 수 없다는 규칙이 없다. 또한, 경기 당시 골프장 소속의 경기도우미나 이벤트행사 업체의 파견직원이 실버티 사용에 관한 B씨의 질문에 가능하다는 대답을 했고, 골프장의 다른 직원이나 경기위원들도 B씨의 홀인원을 인정하여 축하행사와 함께 홀인원상 시상식까지 모두 마쳤다.

법원은 아래와 같은 인정사실과 판단이유를 토대로 B씨의 손을 들어 주었다.

레귤러티를 사용하던 B씨 일행은 지정홀에 이르러 일부 팀이 실버티를 사용하는 것을 보고 경기도우미와 이벤트행사 업체의 파견 직원에게 B씨 일행이 실버티에서 티샷을 해도 규칙위반에 해당하거나 홀인원상 수상자격에 문제가 없는지를 질문했다. 이에 대하여, 그들이 문제가 없다고 대답하자, B씨 일행은 홀과의 거리가 130미터 정도(이벤트행사 위임계약상 남자 120미터 이상이면 된다)인 지정홀의 실버티에서 티샷을 했다.

이 골프대회에 적용된 대한골프협회 골프규칙에 의하면, '경기자가 실격에 해당하는 규칙 위반을 경기가 끝나기 전에 스스로 알고 있었던 경우 등의 일부 예외를 제외하고는, 원칙적으로 경기결과가 공식적으로 발표된 후에는 페널티를 부과할 수 없다'는 취지로 규정하고 있었다. 그런데, B씨의 실버티 사용경위, 경기의 진행경과, 홀인원상 수여경위 등의 사정을 종합하여 볼 때, B씨가 실격사유에 해당함을 알고도 지정홀의 실버티에서 티샷했다고 볼 수는 없다.

나아가, 골프대회는 회원들 사이의 친선경기에 불과하여 프로대회와 같은 정도의 엄격한 룰 적용을 전제로 하기는 어려우며, 시상 후 5일이나 지난 시점에서 골프장이 스스로 발표한 경기결과 및 시상 내용을 부정하는 것은 신의칙에 반하는 행위로 허용될 수 없다.

위 판결내용에 의하면, 이 사건은 당사자 간에 공방이 치열했음을 알 수 있다. 쌍방 모두 나름대로의 사정이 있어서 억울함이나 아쉬움이 컸을 법하다. 쌍방이 법정에 가기 전이나 재판 중에 조금씩 양보하여 합의를 보았더라면 좋지 않았을까?

"물은 만물에 이로우면서도 서로 다투지 않는다(水善利于萬物而不爭 / 수선리우만물이부쟁, 8장)."는 도덕경의 가르침이나, "어떤 부족한 합의도 명판결보다 낫다(A bad settlement is better than a good judgement)."는 격언의 지혜가 적잖은 울림을 전한다.

02

골프 중 벼락사고로 법정에 가다니

J씨 부부와 그 지인 부부(이하 'J씨와 그 일행'이라 함)는 2000년 8월 전북 소재 ○○골프장에서 골프를 치다가 그늘집으로 이동하던 중, J씨가 벼락에 맞아 죽은 일이 있었다.

그 유족과 이 골프장 간의 재판은 대법원까지 갈만큼 공방이 치열했다.

이에 관한 전주지방법원의 판결(2002. 3. 22. 선고 2000가합7461)의 주요 내용을 소개한다.

J씨와 그 일행들이 12번홀에서 경기를 할 당시에는 본격적으로 비가 오기 시작하며 천둥소리가 가까이서 들려 왔고, 13번홀을 돌 때에는 가까이에서 번개가 치면서 천둥소리가 바로 위에서 들렸다. 그들은 그 홀을 마친 후 15번홀 근처에 있는 그늘집에서 쉬기로 하고 J씨가 약 20미터 높이의 나무 옆을 약 1미터 정도 떨어져 지나갈 무렵 그 나무에 벼락이 치면서 J씨에게 전류가 흘러 심폐정지로 사망하였다.

J씨의 유족들은 이 골프장이 공작물의 설치, 보존의 하자와 업무상 주의의무 위반으로 인하여 손해배상책임이 있다고 주장하였다.

이에 대하여, 법원은 아래와 같은 이유로 유족의 주장을 받아들이지 않았다.

전북 지역의 연평균 뇌우 일수는 약 12일 정도로 다른 지역에 비해 특별히 낙뢰의 위험이 높다고 볼 수 없고, 현행 법규상 이 골프장의 시설기준과 관련하여 낙뢰방지 시설의 설치에 대한 의무규정은 없다.

일반적으로 피뢰침의 보호범위 각도는 60도로서 직격 벼락만 피할 수 있고 피뢰침이 설치된 일정 시설물의 보호만 가능하며, 총 면적 848,000㎡인 이 골프장에 피뢰침의 차폐범위를 고려하여 피뢰침을 설치할 경우 오히려 운동 경기가 거의 불가능하고 그 설치도 사실상 불가능하다.

이 골프장은 해발 750~950미터에 위치하여 기상조건이 다소 변덕스러운 지역으로서 현대 과학기술 수준으로는 기상관측이 정확하게 이루어질 수 없으므로, 이 사건 당일 오전에는 골프 경기를 하기에 아무런 이상이 없는 날씨였다.

천둥은 불규칙하게 떨어지고 소나기 구름의 성장 정도에 의해서 낙뢰 상황은 다르기 때문에 낙뢰지점을 국지적으로 예측하는 것은 곤란하며, 사람이 평생 동안 낙뢰를 맞을 확률은 60만분의 1로 희박하다.

캐디는 경기자 이상으로 정확한 낙뢰의 위험을 예측해야 할 의무를 요구할 수는 없으며, 당시 이 골프장의 현장근무자들은 아웃코스에 있던 경기자들을 이 골프장 차량으로 실어 나르고 있었고, J씨와 그의 일행들은 이미 경기의 계속을 단념하고 그늘집으로 가기 위한 도중이었다.

이 재판은 유족의 불복으로 대법원까지 갔으나, 대법원도 1심 판결을 유지하여 골프장의 승소로 확정됐다.

골프가 수려한 자연과 흥겨운 재미를 선사하는 것은 분명하지만, 커다란 위험도 내재되어 있음을 명심해야 한다. 안전의 문제는 골프 수준의 고저나 구력의 장단에 따라 달라지지 않으며, 사회적 지위나 경제적 능력이 있다고 하여 차이가 날 수 없다. 낙뢰의 위험을 알 수 있었음에도 소홀히 대처하다가 치명적인 사고에 이른 것이니 더욱 가슴 아픈 일이 아닐 수 없다.

청나라 때의 사상가인 임칙서(林則徐)는 이러한 상황에 대하여 "촌각도 해이함을 용납해서는 안된다(刻不容鬆 / 각불용송)."라고 경종을 울린 바 있다. 낙뢰를 비롯한 위험 상황에서 그 위험을 깊이 헤아린 후 지혜롭게 대비하여 위험을 피하는 것이 무엇보다 중요하다고 하겠다.

03

스크린골프장에서 실명될 뻔하다니

　Y씨(35세, 남자)는 2010년 2월경 그 일행과 서울 소재 스크린골프연습장에서 골프를 치다가 오른쪽 눈을 크게 다친 일이 있었다.

　이에 관한 서울중앙지방법원 판결(2012. 2. 14. 선고 2010가합113750)의 주요 내용을 토대로 이 사고의 발생원인과 책임관계를 살펴본다.

Y씨는 위 스크린골프장에서 뒤편 소파에 앉아 있었는데, Y씨의 일행이 친 골프공이 스크린 하단 뒤쪽 벽면에 맞고 튕겨 나와 Y씨의 오른쪽 눈 부위를 맞혔다. 그로 인하여, Y씨는 우안 맥락막 파열, 우안 앞방각 녹내장, 우안 황반 위축 등의 상해를 입었으며, 어느 정도 치료를 마친 무렵 나안시력이 우안 0.08, 좌안 0.04에 불과했다. 이에 따라, Y씨는 골프장 운영자를 상대로 금 1억 원의 손해배상을 구하는 소송을 냈다.

법원은, 골프장 운영자는 위 골프연습장을 운영함에 있어서 안전망을 설치하는 등 골프공이 스크린 등에 맞아 튕겨 나오지 않게 하여 사고를 미리 방지할 업무상 주의의무가 있음에도 이를 게을리하여 Y씨의 눈에 맞아 Y씨로 하여금 상해를 입게 하였으므로, 골프장 운영자는 Y씨에게 그로 인하여 발생한 손해를 배상할 책임이 있다고 인정하였다.

골프장 운영자는 Y씨가 타구의 방향을 예의주시하면서 타구가 밖으로 튀어나올 경우를 대비하지 않았으며, Y씨와 일행이 술에 취한 상태였고 스크린골프장의 기기와 프로그램 설치자의 과실도 고려되어야 한다고 주장하였다.

이에 대하여, 법원은 Y씨는 그 일행이 공을 치는 동안 골프장 운영자측이 마련한 대기석 소파에 앉아 있었는데, Y씨가 일행이 친 공이 위 소파까지 올 경우를 대비하여 이를 예의주시하면서 피해야 할 주의의무까지 있다고 보기 어렵다고 판단하였다. 또한, Y씨와 일행이 술에 취했는지 여부 및 정도와 술에 취한 상태가 이 사고로 인한 손해 발생 및 확대에 기여했다고 볼 만한 자료가 없다는 이유로 골프장 운영자의 주장을 받아들이지 않았다.

이에 따라, 골프장 운영자는 Y씨에게 이 사고로 인하여 입은 손해로 금 5,670여만 원을 배상하라고 판결하였다.

이 사고는 스크린골프장 운영자와 골퍼 모두에게 안전의 중요성을 상기시킨다.

우선, 스크린골프장 운영자는 골퍼들이 친 공의 속력이 빠르고 힘도 세므로 정면의 모서리에 튕겨 나올 수 있는 점을 충분히 고려하여 안전보호망을 설치하는 등 안전사고를 방지하기 위하여 각별히 대비했어야 할 것이다. 이 사고를 보니, "천 장의 제방도 개미구멍에 의하여 무너진다(千丈之堤, 以螻蟻之潰 / 천장지제, 이마의지궤)."는 한비자(韓非子)의 가르침이 크게 와 닿는다.

또한, 골퍼가 스크린골프를 칠 때 이미 술에 취한 상태에 있거나 술을 마시는 경우에는 골퍼에게도 일부 책임이 인정될 수 있다는 점에 유의할 필요가 있다. '위험의 망각'이나 '망각의 위험' 모두 골퍼로 하여금 커다란 후회의 소용돌이에 빠지게 할 수 있다는 점을 깊이 명심해야 할 것이다.

04

동반자의 공에 맞아 눈에 중상을 입다니

W씨는 2003년 4월 강원도 소재 군골프장에서 남편, 딸, 지인(1심의 공동피고)과 골프를 치던 중 지인이 친 공에 맞아 우측 눈에 중상을 입은 일이 있었다. W씨는 국가와 캐디를 상대로 손해배상을 구하는 소송을 냈다.

이에 관한 서울고등법원 판결(2006. 7. 20. 선고 2005나103244)의 주요 내용을 소개한다.

W씨는 위 골프장에서 캐디의 경기보조를 받으며 남편, 딸, 지인과 함께 골프를 치게 되었다. 위 골프장의 2번홀은 길이가 약 325미터이고, 심한 오르막에 오른쪽으로 급격히 휘어지는 홀이며, 페어웨이 오른쪽 러프는 숲이 울창한 산으로 연결되어 있어 공이 페어웨이 오른쪽 러프에 놓이게 되면 공을 치는 사람은 공이 자신의 발보다 높이 위치하는 상황에서 공을 쳐야 한다.

지인은 2번홀에서 페어웨이 오른쪽 러프에 있는 100미터 거리목에서 뒤쪽으로 1미터 정도 되는 곳에 놓인 자신의 공을 쳤다. 그런데, 이 공이 왼쪽으로 급격히 꺾이면서 지인이 있는 곳으로부터 왼쪽으로 약 10~20미터, 앞쪽으로 약 3~4미터 되는 곳에 서 있던 W씨의 우측 눈에 맞았고, 그로 인하여 W씨는 외상성 우안 유리체 출혈, 수정체 탈구 등의 상해를 입었다.

위 사고 당시, 한 캐디는 W씨의 바로 옆에, 다른 캐디는 다른 일행 옆에 서 있었다. 지인과 W씨는 골프 타수가 100타를 넘는 초보자들이었는데, 위 캐디들은 지인이 공을 칠 때 W씨에게 지인의 공이 놓인 선상보다 앞에 나가 있으면 위험할 수 있으니 그보다 뒤쪽으로 이동하라는 등의 주의를 준 바는 없다.

위 캐디들은 위 골프장에 고용되어 순번제로 골프 내장객들을 배정받는 방식으로 근무하여 왔다.

법원은 위와 같이 인정한 사실관계를 바탕으로 위 사고에 대하여 아래와 같이 판단하였다.

초보자인 지인이 공을 칠 당시, 한 캐디는 W씨의 바로 옆에 있었으면서도, W씨가 지인의 공이 놓인 선상보다 앞서 나가 있지 않도록 주의를 주거나 W씨로 하여금 그보다 뒤쪽으로 이동하도록 요구하여 혹시 지인이 친 공에 W씨가 맞을지도 모르는 사고를 예방했어야 함에도 이를 게을리한 잘못이 있다.

한편, 캐디들의 고용관계나 근무방식 및 캐디로서의 임무 등에 비추어 보면, 위 골프장은 캐디들을 실질적으로 지휘·감독하는 관계에 있었다고 할 것이므로, 캐디들은 피고(국가)에 대한 관계에서 민법 제756조의 피용자에 해당한다고 봄이 상당하다.

따라서 피고는 캐디들의 사용자로서 지인과 함께 위 사고로 인하여 W씨와 그 가족이 입은 손해를 배상할 책임이 있다고 판단하였다.

이에 대하여, 피고는 아래와 같은 이유로 책임이 제한되어야 한다고 주장했으나, 법원은 피고의 위 주장의 일부만 받아들였다. W씨로서도 지인이 초보자여서 그가 친 공이 통상 예상하지 못한 방향으로 날아갈 수도 있음을 예상하여 지인의 공이 놓인 선상보다 앞서 나가 있지 말았어야 함에도 이를 게을리한 잘못이 있으므로, W씨의 과실이 위 사고의 발생 및 확대에 기여한 정도는 40%로 봄이 상당하다고 판단하였다.

W씨와 그 가족이 지인과 함께 골프를 치던 중 W씨가 지인이 친 공에 눈을 맞아 수정체탈구 등의 중상을 입었으니 웬 날벼락인가! W씨 가족과 지인이 함께 골프를 칠 정도의 사이인 점에 비추어 그동안 가까이 지냈을 것으로 보이는데, W씨 가족과 지인이 소송의 당사자가 되었으니 얼마나 딱한 일인가!

이 사고는 위 골프장의 소유자인 국가, 골프경기를 보조하는 캐디, 초보자인 지인, 그리고 골프공을 치는 앞쪽에 서 있던 W씨 모두의 잘못이 중첩되어 발생한 인재라 할 수 있다. 골프에서 안전은 기본 중의 기본인데, 각자 일시에 기본을 소홀히 하여 이와 같은 중상에 이르렀으니, 너무나도 가슴 아픈 일이 아닐 수 없다.

중국의 속담에서 "천 일의 긴장을 두려워 말고, 단지 일시의 해이함을 두려워 하라(不怕千日繁, 只怕一時鬆 / 불파천일긴, 지파일시송)."
고 경종을 울리는데, 이를 깊이 새겨서 이러한 인재사고가 발생하지
않도록 각별히 주의해야겠다.

05

초등생이 골프교사의 공에 맞아
프로 꿈을 접다니

　8세의 초등학생인 M군이 2008년 11월 경기도 소재 ○○골프장에서 골프교사가 티샷한 공에 이마를 맞아 중상을 입은 사고가 있었다.

　프로골퍼를 꿈꾸던 어린 초등학생이 이 사고로 그 꿈을 포기했을 것이니 가슴이 아프지 않을 수 없다.

　이에 대하여 서울고등법원(민사 30부)의 판결 요지를 보도한 연합뉴스의 기사(https://www.yna.co.kr/view/AKR20130716201700004, 2013.

7. 17.)를 토대로 이 사고의 발생경위와 책임관계를 살펴본다.

　　M군은 위 골프장에서 ○○교육청의 모 초등학교 소속 골프교사의 지도하에 학교친구 2명과 골프 특성화 교육차 연습라운드를 하게 되었다. 골프교사는 시범을 보이려고 티샷을 하였으나 OB가 나는 바람에 다시 티샷을 하였다. 이 골프공은 티샷지점의 오른쪽에서 카트를 끌고 있던 M군의 이마에 맞았다. M군은 뇌출혈로 수술을 받았으며 외상후 스트레스 장애의 소견을 보였다.

　　M군 가족은 ○○교육청, ○○초등학교 교장, 골프교사를 상대로 국가배상법 등에 따라 이 사고로 인한 손해를 배상하라는 소송을 냈으며, 항소심까지 가게 되었다.

　　법원은, 골프교사는 티샷 전에 주변에 사람이 걸어가고 있는지 확인해야 할 주의의무를 다해야 했음에도 첫 티샷을 잘못한 후 급하게 다시 티샷을 하다가 이 사고에 이른 과실이 있으므로, 교육청은 M군과 그 가족에게 9,999만원을 배상하라고 판단했다.

　　다만, 골프교사의 과실은 고의에 가까운 중과실이 아니라는 이유로 ○○초등학교의 골프교사나 교장 개인에 대해서는 배상책임이 없다고 판단했다.

　　아울러, M군은 학교에서 배운 안전수칙 대로 골프교사가 티샷을 마칠 때까지 뒤에서 기다렸어야 함에도 기다리지 않고 앞으로 걸어간 과실이 있는데, 이 과실이 손해의 발생 및 확대에 기여한 정도는 10%로 봄이 상당하다는 취지로 판단했다.

이 사고의 직접적인 원인은 골프교사의 과실에 있다. 골프교사가 8세에 불과한 초등학교 학생을 인솔하여 골프 특성화 교육을 맡고 있었다면, 중고등학교 학생이나 일반인에 대한 교육보다 더 세심한 주의를 기울였어야 했다. 또한, 골프는 언제든지 실수가 발생할 수 있는 민감한 스포츠이므로, 골프교사로서 학생들에게 시범을 보이기 위해서는 보다 철저한 연습이 선행되었어야 했다.

그럼에도 위와 같은 주의의무를 다하지 못한 교사의 과실로 인하여, 프로골퍼의 꿈을 꾸던 초등학생이 이 사고로 그 청운의 꿈을 접어야 했다니 얼마나 가슴 메어지는 일인가!

서한시대의 사마상여(司馬相如)는 "지혜로운 자는 위험의 결과가 생기기 전에 피하라(智者避危于無形 / 지자피위우무형)."고 경고했는데, 이 가르침을 깊이 새겨 안전사고의 재발방지에 유의해야 할 것이다.

06

티샷 중에 생긴 목디스크로 법정에 가다니

H씨는 2012년 4월경 경북 소재 ○○골프장에서 티샷 중에 목이 젖혀지면서 통증이 생긴 후 추간판탈출증의 진단을 받자 보험사들을 상대로 소송을 냈다.

이에 관한 울산지방법원 판결(2015. 8. 26. 선고 2014가합18571)의 주요 내용을 소개한다.

H씨는 위 골프장에서 드라이버 티샷을 하던 중 목부위가 젖혀지면서 찌릿한 느낌을 받고 통증이 생긴 후, MRI 촬영 결과 경추부 제5 - 6, 6 - 7번 추간판탈출증의 진단을 받고 경추간 전방위 유합술 및 고정술을 받았다.

H씨는, 이 사고로 인해 한국표준질병사인 분류표상 후유장해가 발생하였으므로, 보험사들은 H씨가 가입한 보험의 재해장해연금 등의 특약에 따라 보험금을 지급할 의무가 있다고 주장했다.

이에 대하여, 보험사들은 이 사고가 각 보험약관의 재해사고에 해당하지 아니한다는 취지로 항변했다.

법원은, 이 사고는 골프라는 반복적인 운동동작에서 비롯되었는데, 보험약관의 재해분류표에서 기타 불의의 사고 중 '과로 및 격심한 또는 반복적 운동으로 인한 사고'를 명시적으로 재해사고의 유형에서 제외하고 있고, 여기서 반복적 운동이란 운동 횟수의 반복은 물론 동일한 동작의 반복을 의미하므로, 동일한 스윙 동작을 반복하면서 발생한 사고는 보험금 지급대상인 재해사고에 해당하지 아니한다고 판단하여 보험사의 손을 들어주었다.

H씨와 보험사들 간에 벌어진 다툼의 내용은 보험금 지급 여부이지만, 근본적 원인을 따져보면 골퍼의 준비운동 유무와 밀접한 관련이 있다. 준비운동을 건너뛰면 부상을 당할 수 있음은 물론, 멘탈도 안정되지 않아 동작의 일관성을 유지하기 어렵다.

전국시대 사상가인 순자(荀子)는 "잘 먹고 제 때 운동하면 하늘은 병들게 하지 않는다(養備而動時, 則天不能病 / 양비이동시, 즉천불능병)."라고 충고하였는데, 이는 준비운동이 부족하거나 이를 건너뛰는 골퍼에게 커다란 경각심을 일깨워준다.

07

그린에서 꾸물거리다 뒷팀 공에 중상을 입다니

Y씨는 2003년 4월 경기도 소재 ○○골프장에서 같은 팀의 마지막 퍼팅을 마친 후 다음 홀로 이동하기 위해 그린을 벗어나던 중, 뒷팀의 J씨가 3번 우드로 친 공에 이마를 맞아 중상을 입은 사고가 있었다. Y씨는 위 골프장과 J씨를 상대로 소송을 냈다.

1심 법원은 위 골프장에게 이 사고의 책임이 전부 인정되며, J씨에 대한 책임은 인정되지 않는다고 판단했다. 항소심의 주요 쟁점은 그린을 늦게 빠져나온 Y씨에게도 과실이 있는 지였다.

이에 관한 서울고등법원의 판결(2005나40718) 요지(https://www.legaltimes.co.kr/news/articleView.html?idxno=3391, 2006. 2. 1.)를 소개한다.

법원은, 선행조의 캐디는 홀컵에 깃발을 꽂으며 인사하는 행위가 후행조에게 그 홀에서 선행조의 경기 종료를 알림과 동시에 후행조에게 경기를 진행하여도 좋다는 의미로 해석될 수 있는 상황이었으므로, Y씨가 퍼팅을 마치고 안전한 지역으로 이동할 때까지 기다렸다가 후행조를 향해 인사함으로써 우선적으로 경기자의 안전을 확보하여야 할 주의의무가 있음에도 이를 위반한 과실이 있다고 판단했다.

또한, 법원은 후행조의 캐디 역시 이 같은 선행조의 이동상황이 잘 보이지 않는 지점에서는 선행조가 그린을 완전히 벗어나 안전한 지역으로 이동하였음을 확인한 다음에 후행조의 경기자로 하여금 다음 샷을 하도록 하여 우선적으로 경기자의 안전을 확보하여야 할 주의의무를 위반한 과실이 있으므로, 골프장은 위 캐디들의 사용자로서 책임이 있다고 판단했다.

한편, 법원은 그린을 늦게 빠져나온 Y씨에게 과실이 있는 지에 대하여 아래와 같은 취지로 판단했다. Y씨는 자신이 퍼팅을 마친 후 캐디가 홀컵에 깃발을 꽂는 것을 보았으면 이를 경기 종료 신호로 해석하여 후행조에서 공을 칠 가능성을 충분히 예상할 수 있는 상황이었으므로 신속하게 그린을 벗어나 안전지대로 이동하여야 했다. 그럼에도 불구하고, Y씨는 캐디가 홀컵에 깃발을 꽂고 후행조에 인사를 한 후에도 일행 중 가장 마지막으로 뒤에 쳐져서 이동하다가 그린 가장자리 지점에 이르러 이 사고를 당하였다. Y씨의 이러한 과실은 이 사고의 발생과 확대에 기여한 하나의 원인이 되었으므로, 그 과실비율을 20%로 봄이 상당하다.

골프는 즐거움과 재충전의 기회를 선사하지만, 찰나의 동작, 금속제 장비, 고속의 골프공 등의 위험요소가 복합되어 이루어지는 경기이므로, 안전수칙을 지키지 않으면 도처에 위험이 상존한다.

위 판결에 의하면, 이 사고가 발생한 원인은 대부분 캐디의 과실에 있으나, 안전수칙을 지키지 못한 Y씨의 과실도 일부 경합되었다. 이러한 과실로, Y씨가 뒷팀에서 친 골프공에 이마를 맞아 중상을 입었다니, 이 얼마나 안타까운 일인가!

중국의 역사서인 후한서(後漢書)에 "우환이나 사고는 미연에 예방해야 한다(防患未然 / 방환미연)."라는 경구가 있는데, 이와 같은 사고의 예방에 대하여 큰 가르침을 전하니 깊이 헤아려 실행에 옮겨야 할 것이다.

08

골퍼가 손가락 골절로 구상금소송을 내다니

    B씨는 2007년 1월 ○○골프장에서 골프를 치던 중, 한 동반자가 친 공에 맞아 왼쪽 새끼손가락 분쇄골절상을 입었다.

    B씨의 보험사는 먼저 B씨에게 보험금을 지급한 후 위 골프장 운영자를 상대로 구상금소송을 냈다.

    이에 관한 부산지방법원 판결(2010. 8. 26. 선고 2008가단85501)의 주요 내용을 소개한다.

    B씨는 2006년 4월 보험사와 대인배상책임을 보상하는 보험계약을 체결하였다. 그후, B씨는 2007년 1월 위 골프장에서 라운드를 하였는데, 한 동반자가 6번홀에서 아이언으로 친 공이 빗맞는 바람에 우측 전방에서 지켜보던 B씨의 왼쪽 새끼손가락에 맞아 기저부 분쇄골절상을 입게 하였다.

    그 동반자는 골프경력이 4년 6개월 정도이고 월 3~4회 정도 골프경기를 해 왔다. 이 사고 당시, 캐디는 위 경기에 동행하였으나 그 동반자의 우측 전방에 서 있던 B씨를 다른 장소로 이동시키는 등의 조치를 하지 않았다. 한편, 보험사는 위 보험계약에 따라 B씨에게 치료비와 일실수입 및 위자료 등으로 보험금을 지급하였다.

법원은 이러한 사실관계를 인정한 후 그 동반자의 과실과 캐디의 과실이 경합하여 이 사고의 발생에 한 원인이 되었으므로, 캐디의 사용자인 골프장 운영자와 그 동반자는 공동불법행위의 책임이 있다는 취지로 판단하였다.

즉, 그 동반자는 골프경력이 4년 6개월 정도이고 월 3~4회 가량 골프경기를 하여 왔으므로, 공이 비정상적으로 날아가지 않도록 안전하게 공을 치고, 또한 우측 전방에 서 있던 B씨에게 뒤쪽으로 물러나도록 주의를 촉구하는 등 그 사고를 미연에 방지하지 못한 과실이 있다고 하였다.

한편, 골프경기 중 내장객이 공을 칠 때 전방에 다른 내장객이 있는 것은 사고의 위험성이 높으므로, 경기를 보조하는 캐디로서는 그로 하여금 안전한 위치로 이동하도록 요구하는 등의 조치를 취할 주의의무가 있음에도 이를 게을리한 과실이 있는데, 위 골프장 운영자는 위 캐디를 실질적으로 지휘, 감독하는 사용자로서 그 동반자와 연대하여 B씨가 입은 손해를 배상할 책임이 있다고 하였다.

공동불법행위자 내부의 분담비율과 관련하여, 캐디의 경기보조가 주된 업무이고 위험예방은 부수적이며, 그 동반자의 골프경력을 고려할 때 이 사고를 예측하기 어려웠던 점 등을 감안하여, 그 동반자와 위 골프장의 분담비율은 70:30이 상당하다는 취지로 판단하였다.

다만, B씨도 골프경력이 약 3~4년 정도여서 골프장에서의 안전
수칙을 잘 알고 있었으며 이 사고의 위험성도 충분히 인식할 수 있
었다고 할 것이므로, 공을 치는 사람의 뒤편에서 차례를 기다리는
등 자신의 안전을 스스로 도모하여야 함에도 이를 게을리하였고, 이
러한 과실은 이 사고의 한 원인이 되었다고 할 것이므로, B씨의 과
실이 이 사고의 발생에 기여한 정도는 40%가 상당하다는 취지로 판
단하였다.

이 사고는 두 동반자의 과실에 캐디의 과실(골프장 운영자의 사용자
책임)이 경합하여 발생하였으나, B씨가 대인배상책임보험에 가입함
에 따라 위 소송의 당사자와 내용(구상금)이 바뀌었다는 점에서 통상
적인 타구사고 관련 손해배상소송과 다르다.

하지만, 이 사고의 본질적인 원인은 골퍼들, 캐디(그 사용자인 골
프장)의 부주의가 경합한 데 있으므로, 골프 관여자들이 조금 더 주
의를 기울였더라면 방지할 수 있는 사고였다고 생각된다.

당나라 때의 시인인 두순학(杜荀鶴)의 시구는 "물이 잔잔하게 흐
를 때는 물 속에 돌이 없었는데, 때때로 배가 침몰됐다는 말이 들리
는구나(却是平流無石處, 時時聞說有沉淪 / 각시평류무석처, 시시문설유침
륜)."라고 경종을 울린다.

우리가 라운드할 때 안전할 것이라는 생각에 안주하지 말고 보
이지 않는 유속이나 물 속의 위험도 따져봐야 하듯이 늘 위험이 발
생할 수 있는 상황에 대하여 세심히 주의를 기울여야 하겠다.

09

남편의 멀리건 공에 맞아 실명하다니

　한 부부가 2010년 지인들과 ○○골프장에서 골프를 치던 중, 부인이 남편의 멀리건 공에 맞아 코뼈가 부러지고 실명한 사고가 있었다. 부인과 가족은 골프장과 캐디들을 상대로 소송을 냈다.

　이에 대하여 머니투데이의 기사 요지(유동주, https://news.mt.co.kr/mtview.php?no=2022051517081020191, 2022. 5. 16.)를 토대로 판결 결과를 살펴본다.

　법원은, 캐디들은 부인이 남성 티샷구역보다 앞쪽에 있는 여성 티샷구역에 있을 경우 잘못 날아온 골프공에 대비해 나무 등의 뒤로 몸을 피하도록 조치해야 할 업무상 주의의무를 게을리하였으므로, 골프장 운영자는 캐디들의 사용자로서 부인과 가족에게 손해배상 책임이 있다는 취지로 판단했다.

　이에 대하여, 캐디들은 남편이 임의로 멀리건을 쳐서 갑작스레 사고가 나 미리 대비를 하지 못했다고 항변하였다. 그러나, 법원은 캐디들이 남편의 멀리건을 명시적으로 허락했거나 묵시적으로 용인했던 것으로 보인다는 취지로 판단했다.

다만, 법원은 피해를 입은 부인도 남편의 티샷지점 후방에서 대기한 후 이동해야 함에도 전방에 그대로 서서 기다리다가 사고를 피하지 못한 과실이 있으므로 30%의 책임이 있으며, 나머지 70% 책임에 대해서 남편과 골프장 운영사가 반반씩 책임져야 한다는 취지로 판단하여, 골프장의 배상책임을 35%로 인정했다.

남녀가 한 팀으로 라운드를 하는 경우 여자 동반자가 종종 남자 동반자의 티샷 전부터 앞쪽에 있는 붉은 색 티샷지점의 부근에서 기다리기도 한다. 특히, 여자 티샷구역이 남자 티샷구역보다 낮은 곳에 있을 때에는 앞에 가서 기다리는 경우가 적지 않다. 두 경우 모두 위험천만한 일이다.

프로골퍼도 생크를 내거나 OB를 내는 경우가 적지 않은데, 주말 골퍼에 대한 과신은 안전불감증의 극치에 다름 아니다. 찰나의 동작으로 이루어지는 타구사고는 프로골퍼와 주말골퍼를 달리 할 수 없고, 친족관계나 사회적 지위를 가리지 아니한다.

중국의 역사서인 후한서(後漢書)에서 "위험이나 사고의 단초를 제거하여 미리 막아야 한다(杜漸防萌 / 두점방맹)."고 경종을 울렸는데, 이를 소홀히 한 채 자신에게는 별 일 없을 것이라고 안일하게 대하다가 이와 같이 끔찍한 사고에 이르렀으니 가슴 아프기 짝이 없는 일이다.

더욱이, 부부가 대자연 속에서 라운드를 통해 재충전하고자 했던 당초 계획이 최악의 사고로 돌변했으니 사후에 금전으로 배상한다 해서 어떻게 위안이 될 수 있겠는가? 후한서의 가르침을 깊이 헤아려서 미리 위험이나 사고의 단초를 제거해야 할 것이다.

10

골든 타임을 놓쳐 심정지 골퍼가
사망하다니

J씨는 2022년 10월 이른 아침 제주 소재 ○○골프장에서 회사동료들과 골프를 치다가 심정지로 사망하였다. 동료들과 즐거웠어야 할 라운드가 유명을 달리하는 불상사로 이어졌다니 딱하기 그지없는 일이다.

이 사고는 민형사상 절차에 대한 자료가 없으므로, 서귀포방송의 보도(장수익, http://www.seogwipo.tv/news/articleView.html? idxno=64 26, 2022. 10. 27.) 요지를 토대로 그 전말을 소개한다.

J씨는 그날 오전 회사동료들과 위 골프장에서 첫 티샷을 했다. 3번홀에서 두번째 샷을 마친 후 그린에 올라가서 각자 자신의 공을 찾았으나, J씨가 갑자기 심정지로 쓰러졌다. 동료들은 J씨에게 달려가서 허리띠를 풀고 신발을 벗긴 다음 심폐소생술을 시행했다. 아울러, 급히 캐디에게 119에 신고해 달라고 요청하였고, 캐디는 무전으

로 골프장 경기과에 알렸으나, 경기과에서는 가벼운 골프공 타박상으로 판단해 119에 신고했다.

동료들이 4~5분 동안 흉부압박을 하면서 묻는 말에, J씨는 눈을 깜박거렸으며 호흡이 처음보다 나아졌으나 다시 거칠어지기 시작하더니 시간이 지날수록 상황이 점점 악화되었다.

제주소방서 아라센터는 경기과의 신고를 받고 오전 8시 15분 일반구급차를 현장에 보내 환자와 접촉했으나 J씨의 호흡정지가 확인되었다. 현장의 추가 요청에 따라 8시 30분 특별구급차가 도착한 후 환자에게 응급약물을 투여하면서 제주대학교 병원으로 후송했으나 심정지로 사망했다.

J씨의 유족들은 골프장이 119에 심정지로 신고했다면 특수장비를 장착한 특별구급차가 출동했을 텐데 골프공에 맞았다는 신고로 인해 귀중한 15분을 놓치고 말았다는 취지로 말했다. 또한, 유족들은 휴대전화로 신고했다면 위치를 파악하기가 쉬웠을 텐데 119와 골프장 그린이 연결되지 않는 바람에 초기대응이 늦어진 점을 지적했다.

이 사고 관련 협상이나 분쟁의 쟁점은 J씨가 심정지로 쓰러졌으나 골프장측의 오인신고로 인하여 골든타임을 놓쳤는 지로 예상된다.

위 보도요지가 사실로 입증된다면, 골프장 캐디와 경기과 사이에 긴밀한 소통으로 J씨가 쓰러진 상태를 정확하게 인지하여 신고하였을 경우 J씨에 대한 응급처치가 골든타임 내에 이루어질 수 있었을 것으로 보인다. 한 사람의 목숨이 생사의 기로에 있는 상황에서 적시의 응급치료가 얼마나 중요한가를 일깨워준다.

중국의 역사서인 좌전(左傳)에 "칼을 들고 필히 물건을 자르다(操刀必割 / 조도필할)."라는 명구가 있는데, 급한 상황에서 신속하게 조치를 취한다는 것을 의미한다.

이 명구가 경종을 울리는 바와 같이, 급박한 상황에서 적시 응급 조치의 중요성을 깊이 헤아려서 이처럼 가슴 아픈 사고가 재발하지 않도록 각별히 유의해야 할 것이다.

11

적시의 응급처치로 심정지 골퍼를 살려내다니

B씨는 2021년 4월 제주 소재 ○○골프장에서 지인들과 골프를 치던 중 갑자기 쓰러졌으나 적시의 응급조치로 생명을 구한 일이 있었다.

이에 대하여 경향신문의 기사(박미라, https://m.khan.co.kr/local/Jeju/article/202105061620001#c2b, 2021. 5. 6.)에 기초하여 그 자초지종을 살펴본다.

60대 남성인 B씨는 그날 오전 지인들과 위 골프장에서 라운드 중에 갑자기 의식을 잃고 쓰러졌다. 한 동반자가 즉시 119에 신고했고, 119종합상황실은 영상통화로 전환해 환자의 모습을 살핀 후 심정지 상태인 것을 확인했다.

119요원은 신고자에게 가슴 압박과 자동제세동기(AED) 사용법을 안내했고, 이에 따라 신고자가 전기충격을 1회 실시했다. 그 결과, B씨는 구급대가 사고현장에 도착하기 전에 의식을 회복하여 수일 간의 입원치료를 마친 후 퇴원했다.

동반자들이 심정지에 직면하여 몹시 당황할 수 있는 상황에서 응급처치 영상상담 서비스는 큰 효과를 본 것이다. 특히, 119요원이 음성 안내와 함께 구체적인 행동 이미지와 동영상을 제공하여 신고자가 정확하고 신속하게 응급조치를 취할 수 있도록 함으로써 절체절명의 위기에서 골퍼의 생명을 구해 낸 것이다.

라운드 중에 동반자가 심정지로 쓰러질 경우 매우 당황하여 어찌할 바를 모르기가 쉽다. 그런데, 119요원의 정확하고도 신속한 음성과 영상의 동시 안내에 따라 적시의 응급조치를 시행하여 생명을 구하였으니, 이 얼마나 다행스럽고도 감격스러운 일인가! 견고한 시스템의 저력이 개인의 능력보다 낫다는 점을 여실히 드러내 준다.

당나라 때의 유명 시인인 백거이(白居易)는 "위급한 상황에서 신속하고 정확하게 조치를 취해야 한다(急中生智 / 급중생지)."고 강조하였는데, 위 119종합상황실의 응급시스템이 이 경구의 가르침을 십분 구현했다고 할 수 있다.

환절기의 아침 라운드에서 기온이 차가워졌으나 얇은 옷을 입은 경우 심혈관에 부담을 주기 쉬우며, 심혈관 질환이 있는 골퍼라면 그 위험이 배가된다고 한다. 이러한 상황에서는 적시의 정확한 응급처치도 중요하지만, 위험한 상황이 발생하기 전에 미리 방지함이 지혜로운 대처라고 할 수 있을 것이다.

12

골프장 연못가의 공을 줍다가
익사하다니

골퍼가 골프장 연못가의 공을 줍거나 연못 안의 공을 주우려다
미끄러져 익사한 사고들이 있다.

이 얼마나 안타까우면서도 우매한 일인가? 국내외 골프장 익사
사고의 사례와 책임관계 등을 살펴본다.

골퍼의 골프장 내 익사사고는 국내에서 간간이 발생했다. 언론에 보도된 몇 사례를 소개하자면, 골퍼가 2007년 12월 진천 소재 ○○골프장에서(권혁상, 2007. 12. 6, 충북인뉴스), 2011년 6월 인천 소재 ○○골프장에서(한은구, 2011. 6. 23, 한경), 2018년 4월 충주 소재 ○○골프장에서(조준영, 2018. 4. 8, 충청타임즈) 익사한 사고를 들 수 있다.

골퍼가 라운드 중 볼을 찾다 미끄러져 익사한 경우, 골프장 경영자는 골프장이라는 체육시설의 운영상 과실과 안전관리감독상 과실로 인하여 손해를 입게 하였으므로, 민법 제750조 및 체육시설의 설치이용에 관한 법률 제11조 제1항에 따라 그 유족에게 손해배상책임이 있을 것으로 보인다. 다만, 골프장의 연못 주변에 익사위험 안내표지가 설치되어 있었음에도 골퍼가 공을 찾으려다 익사하였다면, 골퍼의 과실비율이 높게 인정되어 손해액이 감액될 수 있을 것이다.

한편, 외국에 골프투어를 갔다가 골프장 익사사고가 발생한 일이 있다(김현아, 2014. 1. 25, 아시아투데이). 즉, 한국 대기업의 협력사 직원인 L씨는 2014년 지인 2명과 이집트 카이로 인근 ○○골프장에서 라운드를 하던 중 2미터 깊이의 연못에 빠진 공을 골프채로 건져내려다 익사한 것으로 추정됐다.

이와 같이 외국에서 발생한 익사사고는 분쟁해결과정에서 여러 쟁점들이 복잡하게 얽히게 된다. 유족과 골프장 운영자 간에 합의가 되지 않는 한, 이 분쟁은 이집트에서 이루어져야 할 것으로 보인다. 그 과정에서 어느 나라의 법률을 적용해야 할 것인지가 문제되는데,

국제사법에 따라 사고의 결과가 발생한 곳의 법에 의하므로(제52조 제1항) 이집트법이 적용될 것으로 해석된다.

나아가, 현지 변호사의 선임, 사고에 대한 입증책임, 손해액의 산정 등 여러 가지 법적 문제와 절차를 넘어야 한다. 국내소송의 절차도 간단치 않지만, 외국소송은 훨씬 더 복잡할 뿐 아니라 시간과 비용도 늘어날 가능성이 높다.

골프장 익사사고는 국가, 국적, 성별, 사회적 지위, 교육 수준, 계절 등을 가리지 않음을 알 수 있다. 그 주된 원인은 소중한 목숨을 걸고 위험한 연못에서 하나의 골프공을 꺼내려는 안전불감증이라 할 수 있다.

대자연 속에서 얻고자 한 즐거움과 재충전의 의미는 어디에 두고 목숨을 사소한 골프공 하나에 걸 수 있다는 말인가? 더욱이, 이역만리 외국에서 근무하던 중 골프를 치다가 세상을 떠나게 되었으니 유족의 충격을 어떻게 설명할 수 있겠는가?

전국시대 때 여불위(呂不韋)가 편찬한 여씨춘추(呂氏春秋)에 "작은 것을 탐하다가 큰 것을 잃다(貪小失大 / 탐소실대)."라는 경구가 있는데, 골프장 익사사고는 위 경구를 뛰어넘어 생명을 포함한 전부를 잃는 것으로서 극단적 우매함을 여실히 드러내 준다고 하지 않을 수 없다.

13

자신이 친 공에 맞아 실명위기에 빠지다니

B씨는 경기도 소재 ○○골프장에서 자신이 친 공에 맞아 실명위기에 처한 사고가 있었다.

자신이 친 공에 다쳤다니 도저히 믿기 어려운 일인데, 실제로 발생했으니 이 얼마나 안타까운 일인가? B씨는 골프장과 캐디를 상대로 소송을 냈다.

이에 대하여 매일경제의 기사(정현권, https://www.mk.co.kr/premium/life/view/2019/11/27016/, 2019. 11. 2.)에 기초하여 그 사고의 전말과 책임관계를 살펴본다.

B씨는 위 골프장에서 라운드를 하던 중 해저드 앞에서 그린을 향해 친 공이 바위에 튕겨 나와 자신의 눈에 그대로 맞았으며, 이로 인하여 안구파열로 실명위기에 놓였다.

법원은 캐디가 B씨에게 바위 앞에서 공을 칠 경우 그 위험성을 알리고 공을 빼내도록 한 후 안전하게 경기하도록 보조했어야 함에도 이를 게을리한 과실로 B씨에게 안구파열상을 입게 하였으므로, 골프장 운영자와 캐디는 B씨에게 손해를 배상할 책임이 있다는 취지로 판단하였다.

이와 관련하여, 골프장측은 당시 캐디가 공을 옆으로 빼서 치거나 높이 띄워 치라고 했음에도 B씨가 이를 무시했다는 취지로 주장하였으나, 법원은 이를 받아들이지 않았다.

다만, 법원은, B씨는 바위 앞에서 바로 핀을 향해 공을 칠 경우 그 위험성을 충분히 감안하여 사고의 발생을 막았어야 함에도 이를 게을리한 과실이 있고, 그 과실이 이 사고의 발생과 확대에 기여하였으므로, B씨에게 40%의 책임이 있다는 취지로 판단하였다.

골프장의 타구사고는 대부분 동반자의 공이나 옆 홀에서 날아온 공에 의하여 발생하지만, 이 사고와 같이 자신이 친 공에 다친 경우는 매우 드물다. B씨는 바위 앞에서 그린을 향하여 샷을 한다면 바위에 튕겨 나올 위험성을 예견할 수 있었음에도 이를 소홀히 한 잘못이 있는 것으로 보인다.

또한, 주말골퍼들이 라운드 중에 공이 나무들 속에 놓여 있을 때 그 사이로 쳐서 바로 그린에 올려야겠다고 안일하게 생각하는 경우도 있다. 이 또한 위험천만한 일이다. 골퍼가 친 공이 나무에 튕겨 나와 부상을 입을 가능성이 높고, 공이 운 좋게 나무들 사이로 날아갔더라도 그린에 안착할 가능성은 상당히 낮기 때문이다.

춘추시대 전략가인 손자(孫子)는 손자병법(孫子兵法)에서 B씨와 같은 골퍼에게 이러한 상황에서는 "우직지계(迂直之計)를 써야 한다."고 훈수한다.

위험성이 높은 정면돌파 대신에 위험성이 낮은 우회전술을 활용하라는 것이다. 우직지계가 최선의 계책으로 활용되기 위해서는 사전에 충분하면서도 치밀하게 지형이나 상황을 분석해야 할 것이다.

14

잔디경사에 미끄러져 발목이 골절되다니

필자는 2018년 3월 초경 한 지인으로부터 다급한 전화를 받았다. 그는 병원 응급실로 가는 앰뷸런스 안이라고 했다. 다음 날 함께 중국에 출장을 가야 했으니 몹시 당황스러울 만했다. 어찌된 일인지 물어보니 라운드 중에 오른쪽 발목이 골절되었다고 했다.

한겨울의 동면에서 벗어나 신춘라운드를 즐기는 가운데 뜻밖의 골절사고를 당하다니 놀라움을 금하지 않을 수 없었다.

지인은 그날 경기도 소재 ○○골프장에서 고객들과 라운드 중이었는데, 쌀쌀한 데다 습도가 높은 날씨여서 을씨년스러웠다. 카트에서 내려 세컨샷을 위해 내리막 잔디경사를 걸어가다가 중심을 잃으면서 오른쪽 발목이 접지르듯 넘어졌다. 지인은 그 과정에서 "뚝!하는 소리를 들을 수 있을 정도였다."고 했다. 기온이 영상이었으나 찬 바람으로 체감온도가 훨씬 낮았던 듯했다. 가뜩이나 경직되어 있는 상태에서 모든 체중이 한쪽 발목이 실리니 그 체중을 견디지 못했던 것이다.

지인은 정형외과에서 부러진 뼈를 맞추고 금속핀을 대는 수술을 한 후 깁스를 하게 되었다. 중국출장 사안은 다행히 급박하지 않은 것이어서 현지와 원만한 협의 끝에 2개월 후로 미룰 수 있었다.

골퍼가 세컨샷을 위해 이동하다가 내리막 잔디경사에 넘어져서 다친 경우, 골프장 경영자는 골프장이라는 체육시설의 안전관리상 과실이 있다고 할 수 있는지에 대해 논란이 생길 수 있다.

그런데, 골프코스는 설계자가 경사나 잔디상태 등의 난이도를 고려하여 조성한 것으로서 어느 정도의 어려움이나 위험을 내제하고 있다고 할 수 있다. 따라서, 골퍼들이 그 사고지점에서 가파른 경사나 매우 미끄러운 잔디상태 등으로 인하여 빈번하게 골절상이나 염좌상 등을 입었다는 특별한 사정이 없는 한, 골프장 경영자에게 체육시설의 안전관리상 과실이 있다고 보기는 어려울 것으로 판단된다.

위 골절사고의 직접적인 원인은 준비운동이 충분하지 않거나 보행 시 부주의라고 할 수 있으나, 그 근본적인 원인은 유연성의 부족이라 할 수 있다. 이러한 유연성은 하루 이틀의 반짝 운동으로 얻어지는 것이 아니라 상당한 기간 동안 관련 운동을 지속할 때 가능하다고 하겠다.

노자는 도덕경(道德經)에서 "유연성을 견지함이 강한 것이다(守柔曰强 / 수유왈강, 52장)."고 훈계했는데, 지인은 평소에 유연성을 기르지 못하여 경직된 상태에 있었고, 이로 인하여 발목 골절상으로 이어졌다고 할 수 있을 것이다.

이 골절사고는 골퍼들이 보다 즐겁고 안전한 라운드를 위해서는 평소 유연성을 기르고 라운드 전에 충분한 준비운동을 거치는 것이 얼마나 중요한가를 일깨워준다.

15

골프공에 맞은 줄 알았는데 총알이
나오다니

20대 캐디는 2020년 4월 ○○골프장에서 머리에 상처를 입고 쓰러졌다. 이 캐디는 골프공에 맞은 줄 알았는데 병원치료 과정에서 총알이 발견되었다.

이에 대하여 연합뉴스의 기사(박철홍, https://www.yna.co.kr/view/ AKR20200424057351054, 2020. 4. 24.) 요지를 기초로 하여 그 자초지종을 살펴본다.

캐디는 그날 위 골프장에서 경기를 보조하던 중 갑자기 머리에 상처를 입고 쓰러졌다. 캐디가 골프공에 맞은 줄 알고 병원으로 이송하여 검사를 받았다. 그런데 캐디의 머리에서 이상한 물체가 발견되어 응급 제거수술을 받았다.

그런데, 캐디의 머리 상처 부위에서 나온 것은 뜻밖에 5.56mm의 실탄으로 밝혀졌다. 위 골프장은 ○○부대의 개인화기 사격장으로부터 1.7km 떨어져 있었으며, 사고 당시 개인화기 사격훈련이 진행되고 있었다.

경찰과 군 수사기관은 합동 조사를 진행하여 사격 관련성을 확인한 후 군 수사기관에 이첩하여 사고경위를 조사한 것으로 알려졌다.

군 수사기관의 조사를 통하여 이 사고의 원인이 규명될 수 있을 것으로 보이나, 골프장의 인근 부대에서 실시한 개인화기 사격훈련이 그 원인으로 입증된다면 국가배상법 제2조 제1항에 따라 국가는 캐디에게 손해를 배상할 책임을 질 것으로 판단된다.

생각만 해도 아찔한 사고다. 대낮에 쓰러진 캐디의 머리에서 골프공의 조각이 아닌 총알이 나왔다니, 이는 전대미문(前代未聞)의 뉴스감이다.

중국 격언에서 "일만을 두려워 하지 말고, 만일을 두려워 하라 (不怕一萬, 只怕萬一 / 불파일만, 지파만일)."고 경고하였는데, 이 사고의 발생 가능성은 일만 분의 일 이상 희박한 것으로서 무어라고 설명할 길이 없다.

그러나 사고가 실제로 발생하였으니, 그 위험이 이전부터 잠재되었다고 해도 과언이 아닐 것이다. 결국은 희박한 사고의 위험을 철저하고도 치밀하게 살펴서 적시에 대처하지 못한 데서 비롯된 것이라 할 수 있다. 그러니, 이를 반면교사로 삼아 만일(萬一) 이상의 사고 위험에 대해서도 위와 같이 적시에 치밀하게 대처하여 사고의 발생을 예방해야 할 것이다.

16

골프장에서 골프클럽 가방을
도난 당하다니

L씨는 1990년 서울시 성동구에 있는 뚝섬골프장에서 중고 골프 클럽 13개가 든 가방을 분실하였다. L씨는 위 골프장 운영단체를 상대로 손해배상소송을 냈다. 이는 소액사건이었음에도 치열한 공방을 거치며 항소심까지 가게 되었다.

이에 관한 서울민사지방법원 판결(1991. 3. 20. 선고 90나24290)의 요지를 토대로 위 사건의 내용과 소송결과를 살펴본다.

L씨가 그날 위 골프장에서 운동을 마치고 골프클럽 13개가 들어 있는 가방을 위 골프장 현관 내의 골프클럽가방 거치대에 놓아둔 후 샤워를 하러 간 사이에 도난당하였다.

위 골프장은 대중제 골프장인 공중접객업소로서 1일 700 내지 800명 정도 되는 골프장이용자 외에도 1층 식당을 이용하는 사람들로 항시 붐비는 상태였다. 따라서, 위 골프장 운영단체로서는 골프용품 등의 분실이나 도난을 방지하기 위하여 경비원의 수를 늘리거나 현관의 거치대에 잠금장치를 해서 이용자들의 용품이 도난당하는 것 등을 방지하여야 했다. 그럼에도 불구하고, 위 골프장 운영단체는 이를 다하지 아니하여 L씨가 위 골프클럽을 도난당하였다.

L씨는 골프장 운영단체가 이용자의 골프용품 등에 관한 관리를 철저히 하지 못한 과실로 인하여 위 골프클럽을 도난당하였으니 골프장 운영단체에게 상법 제152조 제2항에 따라 위 골프클럽의 시가 상당액을 배상할 책임이 있다고 주장했다

이에 대하여, 위 골프장 운영단체는 다음과 같은 이유로 손해배상책임이 없다고 다투었다. 즉, 위 골프장은 대중골프장으로서 회원제로 운영하는 일반골프장과는 달리 이용자들은 캐디 없이 스스로 운반용 카트에 골프클럽을 실어 끌고 다니면서 운동을 하는 등으로 모든 골프용품의 보관에 골프장 운영단체는 전혀 관여하지 않았다. 또한, 위 골프장의 현관 구내와 접수대 및 1번홀 입구 등에 골프클럽가방의 보관, 관리는 본인이 하여야 하고 분실 시 책임지지 않는다는 취지의 안내문을 게시하였다.

법원은 위 골프장 운영단체가 골프장 내 여러 곳에 위와 같이 책임이 없다는 취지의 안내문을 게시한 사실이 있기는 하나, 상법 제152조 제3항에 따라 위 게시만으로 그 책임을 면할 수는 없으며, 위 골프장의 이용객인 L씨가 공중접객업자인 골프장 운영단체의 시설 내에 휴대한 물건인 위 골프클럽을 골프장 운영단체의 과실로 인하여 도난당하였으므로 피고측에게 손해배상책임이 있다는 취지로 판단하였다.

다만, 법원은, 위 도난사고 당시에 L씨는 위 골프장을 40 내지 59회 정도 이용한 사람으로서 위 분실사고에 대한 골프장측의 안내문을 알고 있었으므로 위 골프클럽가방을 두고 자리를 비울 때에는 골프장 운영단체의 근무자들에게 보관을 요청하는 등 도난방지조치를 취하지 않는 채 위 거치대에 위 골프클럽가방을 놓고 샤워를 하러 간 과실을 인정하면서, 그 과실비율을 50%로 정함이 상당하다는 취지로 판단하였다.

위 골프장이 회원제 골프장과 달리 대중제 골프장이라고 하더라도, 공중접객업소인 위 골프장 운영단체는 골프클럽의 보관상 주의를 게을리한 이상 상법상 물건의 보관책임을 부담하여야 하고, 위 골프장에 도난이나 분실에 대한 면책 안내문이 있었다고 하더라도 그 책임을 면하기 어려울 것으로 생각된다.

이 도난사고의 발생원인이 골프장 운영단체와 골프장 이용자의 과실에 있기는 하나, 그 근본적인 원인은 골프클럽의 절취행위에 있다.

도덕경(道德經)은 이러한 절도범에게 "천도(天道)의 그물은 광대하고 듬성듬성하지만 **빠**져나갈 수 없다(天網恢恢, 疏而不漏 / 천망회회, 소이불루, 73장)."고 일침을 가한다.

'천도(天道)의 그물' 중 대표적인 '법의 그물(法網)'은 넓고 크며 듬성듬성해 보이지만 엄정한 것이므로, 이와 같이 골프클럽을 훔친 경우에는 그에 상응한 처벌이나 대가를 피할 수 없을 것이다.

17

까마귀가 다이아몬드 반지를
물고 가다니

필자는 2022년경 후배로부터 도저히 믿기 어려운 '고가물 분실 애기'를 들은 일이 있다.

골퍼가 라운드 중에 카트에 둔 고가물을 분실할 경우 누가 책임을 져야 할까?

한 여성골퍼는 경기도 소재 ○○골프장에서 지인들과 골프를 치던 중 손가락에서 다이아몬드 반지를 빼 종이컵에 넣어 카트에 두었다. 그런데, 까마귀가 카트에 내려와 먹을 것을 찾던 중 위 골퍼와 동반자들이 카트 쪽으로 다가오자, 종이컵 안의 다이아몬드 반지를 먹을 것으로 알고 물고 날아갔다. 위 골퍼와 동반자들이 그 반지가 없어진 것을 확인하고 큰 소리와 함께 골프채를 휘두르며 까마귀를 쫓아갔다. 그 까마귀는 이 반지를 물고 날아가다가 떨어뜨린 후 숲 속으로 사라졌다고 한다.

다행히 그 까마귀가 다이아몬드 반지를 떨어뜨리고 날아가서 법적인 문제로 비화되지는 않았다. 그 까마귀는 그 세계에서 교양 있는 부류에 속하지 않았을까? 만약 그 까마귀가 이 반지를 물고 가버렸다면 골프장 운영자, 반지 소유자, 캐디 중 누가 이 반지의 분실책임을 지어야 할 지 문제된다.

상법 제153조에 의하면, 고객이 고가물의 종류와 가액을 명시하여 맡기지 아니하면 공중접객업자는 그 물건의 멸실 또는 훼손으로 인한 손해를 배상할 책임이 없다고 규정하고 있다.

위 상법의 규정에 의하면, 골프장 경영자는 공중접객업자에 해당하므로, 골퍼가 다이아몬드 반지의 종류와 가액을 명시하여 골프장에 맡기지 않았다면, 골프장 경영자는 까마귀가 이 반지를 물고 가버려서 발생한 분실책임을 지지 않을 것으로 해석된다.

한편, 상법 제154조에 의하면, 물건이 전부 멸실된 경우 고객이 공중접객시설에서 퇴거한 날부터 6개월이 지나면 소멸시효가 완성된다고 규정하고 있다. 따라서, 위 골퍼가 다이아몬드 반지를 분실한 날부터 6개월이 지난 후에는, 골프장 경영자가 손해배상소송에서 소멸시효가 완성되었다고 다투면 손해배상의 책임을 면할 수 있다.

골퍼가 고가물을 파우치에 넣어 둔 후 지퍼를 잠그지 않을 때 분실의 위험을 생각하지 못하거나, 그 위험을 생각하더라도 설마 자신에게 현실로 발생하지 않을 것이라는 부주의가 뜻밖에 큰 손해로 이어질 수 있다.

춘추(春秋)의 주석서인 좌전(左傳)은 "평소에 위험을 대비하면 우환이 생기지 않을 것이다(有備無患 / 유비무환)."라고 훈계한다.

평소 생활하면서 유비무환의 정신을 상기하자는 취지의 현수막을 종종 발견하기도 한다. 이러한 훈계와 현수막을 허투루 지나치지 말고 평소 각별히 그 의미를 헤아려 만일(萬一)의 손해나 위험을 예방해야 할 것이다.

18

골프코스를 무단 촬영하여
이득을 챙기다니

　K사는 타인 소유의 골프코스를 무단 촬영한 후 거의 그대로 재현한 입체적 이미지의 골프코스 영상을 제작하여 스크린골프장 운영업체에 제공하였다. 골프장 소유자는 K사를 상대로 손해배상소송을 냈다.

　이에 관한 대법원 판결(2020. 3. 26. 선고 2016다276467)의 요지를 토대로 그 책임관계와 소송결과를 살펴본다.

　법원은 아래와 같은 이유로 K사가 무단 촬영하여 제작한 영상을 공급한 행위는 부정경쟁방지 및 영업비밀보호에 관한 법률(이하 '부정경쟁방지법'이라 함) 제2조 제1호에서 정한 '부정경쟁행위'로서 민법상 불법행위에 해당하므로, K사는 골프장 소유자에게 불법행위에 기한 손해배상책임이 있다는 취지로 판단하였다.

　골프장의 코스는 설계자의 저작물에 해당하나 코스를 실제로 골프장 부지에 조성함으로써 외부로 표현되는 지형, 경관, 조경요소, 설치물 등이 결합된 골프장의 종합적인 '이미지'는 코스 설계와는 별개로 골프장을 조성·운영하는 골프장 소유자의 상당한 투자나 노력으로 만들어진 성과에 해당한다.

또한, 골프장과 경쟁관계에 있는 K사는 골프장 소유자의 허락을 받지 않고 골프장의 모습을 거의 그대로 재현한 스크린골프 시뮬레이션 시스템용 3D 골프코스 영상을 제작, 사용하였다. 그런데, 이러한 행위는 부정경쟁방지법에서 정한 '부정경쟁행위', 즉 골프장 소유자의 성과 등을 공정한 상거래 관행이나 경쟁질서에 반하는 방법으로 자신의 영업을 위하여 무단으로 사용함으로써 골프장 소유자의 경제적 이익을 침해하는 행위에 해당한다.

타인의 권리나 이익을 침해하면서 자신의 이익을 탐할 경우 그에 따른 법적 대가를 치른다는 것은 누구나 알 수 있는 이치다. 그럼에도 불구하고, K사의 경영자는 이를 무시하고 불법행위를 저질렀으니 골프장 소유자에게 손해배상책임을 져야 함은 마땅하다.

청나라 때의 풍자소설인 유림외사(儒林外史)에서 "법령을 알면서도 그 법령을 위반하다(知法犯法, 지법범법)."고 언급한 바 있는데, K사의 경영자를 두고 하는 말이라 할 수 있다.

이와 관련하여, 맹자(孟子)는 "대내적으로 법령을 준수하는 대신(大臣)과 군왕을 보좌하는 부문책임자가 없으면 … 그러한 국가는 항상 멸망하게 될 것이다(入則無法家拂士 …, 國恒亡 / 입즉무법가불사

… 국항망)."고 훈계한 바 있다. 이를 기업에 적용하자면, 기업이 대내적으로 법령 준수를 관리하는 시스템이 필요하며, 이러한 시스템이 없거나 제대로 작동되지 않을 경우 그 기업은 파산에 이른다는 것으로 해석할 수 있다.

불법을 저질렀는지 여부와 관계 없이, 기업의 경영자들은 이러한 교훈을 깊이 헤아려 기업이 중대한 경영 위험에 빠지지 않도록 법령 준수의 시스템을 정립한 후 평시에 이를 제대로 작동시켜야 할 것이다.

19

골프장 증설 후 회원 추가 모집으로
법정에 가다니

골프장 시설업자는 D씨 등을 강원도 소재 ○○골프장의 정회원
으로 모집할 당시 회칙에서 총 회원 수를 1,035명(정회원 735명, 주중
회원 300명)으로 정하였다. 그러나, 이 골프장이 9홀을 증설하여 36
홀 규모로 완공되자 총 회원 수를 1,880명으로 변경하는 회칙 개정
을 한 후 창립회원을 추가로 모집하였다.

이에 대하여 D씨 등은 최초에 모집된 정회원으로서 '회원 수에
관한 회칙의 변경' 등의 사정들이 회원 권익에 관한 약정 내용의 변
경에 해당하므로 회원탈퇴를 구하는 소송을 냈다.

먼저, 골프회원권의 종류와 예탁금제 골프회원권의 내용을 알아
본 다음, 위 소송의 결과와 판결이유를 살펴본다.

골프회원권은 예탁금제, 주주제, 사단법인제로 나눌 수 있는데,
대부분은 예탁금제를 취한다. 예탁금제 골프회원권은 회원의 골프

장 시설업자에 대한 회원가입계약상의 지위 내지 회원가입계약에 의한 채권적 법률관계를 가리킨다. 예탁금제 골프회원권을 가진 자는 회칙에 따라 골프장 시설을 우선적으로 이용할 수 있는 시설이용권과 회원자격을 보증하는 입회금을 예탁한 후 회원을 탈퇴할 때 그 원금을 반환 받을 수 있는 예탁금반환청구권과 같은 개별적인 권리를 가진다(대법원 2015. 1. 29. 선고 2013다100750 판결).

법원은 위 사안에 대하여 아래와 같은 이유로 D씨 등에게 회원탈퇴권이 허용되지 않는다고 판단하였다(대법원 2015. 12. 23. 선고 2013다85417 판결).

즉, 체육시설의 설치·이용에 관한 법률 시행령 제19조 제2호에서 기존 회원이 탈퇴할 수 있는 사유로 규정한 '회원으로 가입한 이후 회원 권익에 관한 약정이 변경되는 경우'라 함은 그 회원의 권익에 관한 약정이 명시적으로 변경되는 경우뿐만 아니라, 우대 회원의 추가 모집 등의 사정변경으로 그 회원의 권익에 관한 약정이 실질적으로 변경되는 경우도 포함된다.

그러나, 회원 가입 당시의 사정, 회원 권익에 관한 약정이 변경된 경위와 그 필요성, 변경된 약정의 내용과 그것이 회원 권익에 미치는 영향 등 여러 사정을 종합하여 볼 때, 회원 권익에 관한 약정의 변경이 회원 가입 당시에 충분히 예견할 수 있었던 것으로서 사회통념상 용인할 수 있을 정도인 경우에는 회원 권익에 관한 약정이 실질적으로 변경되었다고 할 수 없으므로 탈퇴권의 행사가 허용되지 아니한다.

　법원은 아래의 사정을 종합할 때 회원 권익에 관한 약정이 변경된 것으로 볼 수 없다고 판단하였다.

　① 골프장 시설업자는 이 골프장이 36홀임을 전제로 회원 수를 1,035명으로 공고하거나 광고한 사실이 없고, 오히려 D씨 등이 입회한 2, 3차 모집 때까지 당시의 공정률을 감안하여 이 골프장이 27홀 골프장임을 밝히며 모집 회원 수를 1,035명으로 공고하였을 뿐이므로 위와 같은 회원 수를 유지하는 것이 D씨 등의 입회 당시 계약 내용에 포함된다고 보기 어렵다. ② 이 골프장의 회원 수에 관한 회칙 변경은 최초 회원 모집 당시부터 미리 예정되어 있었다. ③ 북코스 회원에게 우선권이 부여되지 않는 이상 이로 인하여 D씨 등의 권익에 불이익이 발생하였다고 볼 수 없다. ④ VVIP회원의 모집으로 인하여 D씨 등에게 보장된 기존 예약 조건이 변경되었다고 볼 수 없다.

　골프회원권의 법리는 복잡할 뿐만 아니라 그 회원가입계약이나 회칙의 내용이 방대하므로, 회원탈퇴와 입회금반환을 비롯하여 회원의 권리나 이익에 관한 사항을 상세히 파악하기 쉽지 않다. 위와 같이 내용이 복잡하고 방대할수록 분쟁이 발생할 가능성이 높다. 그럼에도 불구하고 회원의 권리나 이익에 관한 사항을 치밀하게 따져보지 않은 채 지인의 권유에 따라 회원으로 가입한 경우가 적지 않다.

　중국 명나라 때의 전략가인 장거정(張居正)은 "법은 인정을 용납하지 않는다(法不容情 / 법불용정)."고 일침을 가한다. 회원가입계약이나 회칙의 유불리에 대하여 사전에 충분히 검토하지 않은 채 인정에 의지하는 경우 법적 위험에 빠질 수 있다는 점을 일깨워준다.

골퍼가 이 명구의 가르침을 깊이 헤아려서 회원가입계약을 체결하기 전에 미리 골프회원에 관한 법적 위험을 치밀하게 따진다면 자신의 권리를 보호할 수 있을 뿐만 아니라 이로 인한 분쟁을 예방할 수 있을 것이다.

20

골프장 건설 중에 시설업자 변경으로
회원권 분쟁이 생기다니

W씨는 골프장시설업자인 Z레저와 회원계약을 체결하고 이에 따라 입회금을 납입하고 회원증을 교부받았다. 그후, Y건설은 Z레저와의 대물변제 합의에 따라 공사대금채권을 입회금에 갈음하는 방법으로 골프장시설업자의 지위를 승계하였다. W씨와 Y건설 사이에 W씨의 회원 지위에 관한 분쟁이 발생하였다.

이와 관련하여, 대법원이 2009. 7. 9. 선고한 판결(2007다72359)의 주요 사실관계와 법리를 소개한다.

회원모집에 관한 체육시설의 설치·이용에 관한 법률(2003. 5. 29. 개정되기 전의 것, 이하 "구 법")의 각 규정은 골프장시설업자가 일정한 정도의 시설도 갖추지 아니한 채 회원을 모집하거나 회원권을 남발하지 못하도록 함으로써 바람직한 회원모집 질서를 확립하고 골프장시설업의 건전한 육성·발전을 도모하려는 데에 그 목적이 있다고 할 것이다.

따라서 골프장시설업자가 회원모집계획서를 제출하고 그에 따라 회원을 모집하면서도 그 모집방법을 달리하거나 모집상황을 관할 행정청에 보고하지 아니하였다고 하더라도, 골프장시설업자와 회원 사이에 체결된 회원계약의 효력에는 영향이 없다고 봄이 상당하다.

이 사건의 경우 Z레저가 ○○도지사에게 신고한 회원모집계획의 내용과는 다르게 공사대금채권자들을 회원으로 모집하였을 뿐만 아니라 입회금도 낮추어 주는 등으로 일부 절차사항을 준수하지 아니한 잘못이 있다. 그러나, 이는 법령에서 정한 절차의 대강을 따르면서 단지 그 세부사항을 제대로 지키지 못한 것에 불과하여 그러한 사정만으로는 Z레저와 회원인 W씨 사이에 성립한 위 골프회원 가입계약이 무효로 된다거나 그 계약에 따라 취득한 회원들의 지위가 구 법 제30조의 규정에 의한 보호를 받을 수 없는 것으로 볼 수는 없다.

골프장시설업자가 사업계획을 승인받은 후 자금난 등의 사정으로 설치공사를 완성하기 전에 경매 등으로 그 권리와 의무가 시공사에게 승계되는 경우 그 이전에 체결한 회원계약의 효력에 관한 분쟁이 발생할 수 있다.

중국 송나라 때의 장홍(張洪)이 지은 '주자독서법 – 숙독정사(朱子讀書法 – 熟讀精思)'에 "일을 처리함에 있어 세심하지 못하다(粗心

大意 / 조심대의)."는 구절이 있는데, 이는 회원계약의 구체적 내용에 대해 세심한 주의를 기울이지 않고 대충대충 보고 계약을 체결하는 자에게 따끔한 일침을 가한다.

골프회원권의 가액은 작지 않을 뿐만 아니라 이에 관한 법리가 복잡하니, 회원계약을 체결할 경우 적시에 골프장시설업자의 재무 상황을 비롯한 여러 위험이나 유불리 사항에 대해서 세심한 주의와 심도 있는 검토를 거쳐 자신의 권리 보호에 만전을 기해야 할 것이다.

Ⅲ

형사

01

8미터 후방의 캐디가 공에 맞아 다치다니

B씨는 2006년 9월경 ○○골프장에서 공을 쳤는데, 그 공이 자신의 후방 8미터 지점에 있던 캐디의 하복부를 맞게 하여 법정에 서게 되었다.

골프를 치는 중에 그 지점과 평행선 주위에 있다가 공에 맞았다는 얘기는 들은 바 있어도, 8미터 뒤에 있는 사람이 공에 맞았다는 일은 금시초문이다. 도대체 어떻게 벌어진 일일까? 재판의 결과는 어떻게 되었을까?

이에 관한 대법원 판결(2008. 10. 23. 선고 2008도6940)과 항소심 판결(서울서부지방법원 2008. 7. 17. 선고 2008노466)의 요지를 토대로 살펴본다.

B씨는 그날 위 골프장에서 스윙을 하면서 좌측 발이 뒤로 빠진 채 골프공을 쳤는데, 그 공이 그의 등 뒤쪽으로 날아가 약 8미터 지점에 서 있던 캐디의 하복부에 맞았다.

캐디는 공에 맞고 그 충격으로 쓰러져 제4, 5요추간 추간판탈출증 등으로 입원치료를 받았다. 캐디는 이 사건 이전에도 허리에 통증을 앓아오다가 B씨가 친 공에 맞고 쓰러져 허리 통증이 악화되었다. 이에 따라, 검사는 B씨를 과실치상죄로 재판에 부쳤다.

법원은 골퍼의 라운드 중 주의의무와 그 대상에 대해 판시하였다. 즉, 골프와 같은 개인 운동경기에 참가하는 자는 자신의 행동으로 인해 다른 사람이 다칠 수도 있으므로, 경기 규칙을 준수하고 주위를 살펴 미연에 다치지 않도록 할 주의의무가 있다. 이러한 주의의무는 캐디에 대하여도 마찬가지다.

다만, 운동경기에 참가하는 자가 경기규칙을 준수하는 중에, 또는 그 경기의 성격상 당연히 예상되는 정도의 경미한 규칙위반으로 상해의 결과를 발생시킨 것으로서 사회적 상당성의 범위를 벗어나지 아니하는 행위라면 과실치상죄가 성립하지 않는다는 것이다.

하지만, 골프경기를 하던 중 공을 쳐서 아무도 예상하지 못한 자신의 등 뒤편으로 보내어 등 뒤에 있던 캐디에게 상해를 입힌 경우에는 주의의무를 현저히 위반한 것으로서 사회적 상당성의 범위를 벗어난 행위이므로 과실치상죄가 성립한다고 판시하였다.

B씨는 재판과정에서 이 사건은 골프경기 도중 발생한 것으로서 스포츠가 통상 상대방의 상해를 수반하는 운동 경기이므로 피해자의 묵시적 승낙이 있었다는 점을 내세워 과실치상죄가 성립되지 않는다고 다투었다.

이에 대하여, 법원은 캐디가 통상 공이 날아가는 방향이 아닌 B

씨 뒤쪽에서 경기를 보조하는 등 기본적인 주의의무를 마친 상태였고, 자신이 골프경기 도중 상해를 입으리라고 쉽게 예견하였을 것으로 보이지 않다는 이유로, B씨의 주장을 받아들이지 않았다.

　B씨가 스윙을 하면서 좌측 발이 뒤로 빠진 채 공을 쳤다는 점에 의하면, 그의 동작이 골프의 기본에서 현저히 벗어나 위험한 상태에 이른 것으로 보인다.

　B씨가 이 사건 발생 시에 처음으로 좌측 발이 뒤로 빠진 것이 아니라면, 그 전에도 이와 같은 동작으로 위험한 상황이 발생했을 가능성이 높았을 것이다. 따라서, B씨는 캐디에게 그 위험성을 알려주면서 더 후방으로 가도록 하는 등 상해결과의 발생을 미연에 방지해야 할 주의의무가 있었다고 하겠다.

　무엇보다도, 이 사건의 본질적 원인은 B씨가 골프의 기본동작을 제대로 익히지 못한 데 있으므로, B씨는 필드 라운드에 앞서 전문가의 교습을 통하여 안전하게 라운드 할 수 있는 수준으로 끌어올렸어야 했다. 그랬더라면, '위험한 골프'에서 벗어나 공자(孔子)의 가르침대로 '즐기는 골프(樂之者)'의 참맛을 향유할 수 있었을 것이다.

02

카트에서 추락하여 두개골이 골절되다니

M씨는 2007년 7월 경기도 소재 ○○골프장에서 티샷 후 캐디가 운행하는 카트를 타고 우측 커브길을 내려가던 중에 카트 도로에 추락하여 두개골골절상 등을 입은 일이 있었다.

M씨는 카트를 운행한 캐디를 교통사고처리특례법위반죄로 고소하였다.

이에 관한 수원지방법원 판결(2010. 1. 21. 선고 2008노6114)의 주요 내용을 토대로 이 사건의 전말과 형사책임 관계를 살펴본다.

캐디는 그날 이 골프장의 서코스 9번홀에서 티샷을 마친 M씨와 일행을 카트에 태운 후 필드 쪽 경로로 카트를 운행했다. 그런데, 캐디는 위 카트를 출발할 당시 M씨와 일행에게 운행 중 카트 내부에 설치된 안전손잡이를 잡도록 알리거나 M씨와 일행이 안전손잡이를 잡고 있는지 여부를 확인하지 않았다.

그 당시 운전석 뒷자리에 탑승하고 있던 M씨가 출발 후 약 18미터 정도를 지날 무렵 약 5도 하향경사로 약 70도 우측으로 굽은 커브길에서 아스팔트 포장도로에 추락하여 50여 일의 입원치료를 요하는 두개골골절 등의 상해를 입었다.

캐디는 M씨가 카트를 타고 이동할 당시 정상적인 신체상태가 아니었기 때문에 카트에서 스스로 떨어진 것이라고 다투었다.

그러나, 법원은 사고발생 시기가 여름이기는 하나 위 사고 전에 비가 내렸고, 그로 인하여 M씨 등은 그늘집에서 잠시 휴식을 취하기도 하였던 점 등에 비추어, M씨가 티샷 후 카트에 정상적으로 탑승한 때부터 18미터 정도 진행한 시점까지의 짧은 시간 동안 갑자기 정신을 잃었다고 보기는 어렵다고 판단하였다.

법원은 아래에서 인정된 사정을 토대로 캐디에게 과실이 있다고 판단했다.

이 골프장의 '골프카 운행시 주의사항' 제2항에는 출발시 의자 착석 여부를 반드시 확인하고 "출발하겠습니다. 안전손잡이를 꼭 잡아 주십시오!"라는 안내를 하도록 규정되어 있다. 캐디는 M씨와 일행에게 카트의 안전손잡이를 잡을 것을 알리지 않고 안전손잡이를 잡고 있는지 여부를 확인하지 아니한 채 출발하였다. 또한, 캐디는 약 5도 하향경사로 약 70도 우측으로 굽은 커브길을 진행함에 있어 감속하지 않고 급하게 우회전하였다.

이와 관련하여, 법원은 아래와 같은 이유로 피해자인 M씨도 사고 발생과 상해에 대하여 과실이 있다고 판단하였다. M씨로서는 안전벨트나 문 등이 없는 위 카트에 탑승할 경우 떨어지지 않도록 손잡이를 잡는 등 스스로 자신의 안전을 도모했어야 했다. 운전석 뒤에 "경고 탑승 중에는 반드시 위의 손잡이를 양손으로 잡아 주십시오!"라는 경고문구가 부착되어 있음에도, M씨가 좌석에 제대로 착석하지 않았거나 안전손잡이를 제대로 잡지 않았다.

법원은, M씨에게 위와 같은 과실이 인정된다고 하더라도, 캐디의 위 과실이 이 사고의 발생 및 M씨의 상해에 중요한 원인이 되었다고 할 것이므로, 캐디에 대한 교통사고처리특례법위반죄의 성립에 지장이 없다고 판단한 후, 위 캐디에게 금고 6월, 집행유예 2년을 선고하였다.

이 카트사고는 캐디의 운행상 과실로 인하여 발생하였고, M씨가 안전손잡이를 잡지 못한 과실도 다소 영향을 미친 것으로 보인다. 그러나 본질적으로 캐디와 골퍼의 안전불감증이 중첩적으로 작용하여 발생한 사고라 할 수 있다.

서한시대의 역사가인 사마상여(司馬相如)는 간렵서(諫獵書)에서 이러한 캐디와 골퍼에게 "지혜로운 자는 위험의 결과가 생기기 전에 피해야 한다(智者避危于無形 / 지자피위우무형)."고 훈계한다.

캐디와 골퍼 모두 안전사고가 발생하기 이전에 철저하고도 주도면밀하게 대비하여 사고를 예방한다면 골프가 주는 즐거움과 재충전의 의미를 오래 누릴 수 있을 것이다.

03

카트 사고로 사지마비가 되다니

50대 A씨는 2019년 4월 강원도 소재 ○○골프장에서 일행과 골프를 치다가 카트에서 추락하여 사지마비가 되었다.

풀꽃 향기가 그윽한 신춘라운드에서 사지마비라니 어인 일인가? 위 카트의 운행자인 캐디는 교통사고처리특례법위반죄로 기소되어 재판을 받게 되었다.

이에 대하여 서울경제 기사(박예나, https://www.sedaily.com/News View/22L1KRXYQK, 2021. 4. 11.)의 요지를 토대로 그 자초지종과 판결결과를 살펴본다.

캐디는 그날 위 골프장에서 카트에 A씨와 일행들을 태우고 오른쪽으로 굽은 내리막 도로를 시속 약 14㎞ 속력으로 운행했다. 캐디가 카트의 속력을 줄이지 않고 우회전하는 바람에, 뒷좌석에 타고 있던 A씨는 중심을 잃고 왼쪽으로 떨어져 아스팔트 바닥에 머리를 부딪쳤다.

당신도 겪을 수 있는 골프장 사건 50

이 사고로 인하여, A씨는 외상성 뇌내출혈에 의한 사지마비와 인지장애 등의 중상을 입었다. A씨가 운행하던 카트에는 안전띠가 없었고 카트 좌우에 문이나 쇠사슬도 없이 개방된 상태였다.

1심 법원은 A씨의 신체적, 정신적 고통이 매우 큰 점과 캐디가 A씨로부터 용서받지 못한 점 등에 비추어 볼 때 엄한 처벌이 불가피하나, 피해 회복을 위해 노력하였다는 점 등을 고려해 위 캐디에게 금고 8개월을 선고했다. 여기에서, 금고형이란 수형자를 교도소에 구금하나 노역이 강제되지 않는 형벌을 말하며, 노역이 강제되는 징역형과 다르다. 위 캐디는 1심 법원의 선고형이 무겁다는 이유로 불복하였다.

이에 대하여, 2심 법원은 골프장측이 체결한 보험계약으로 피해보상이 일부 이뤄졌고, 캐디가 피해 회복을 위해 진지한 노력을 기울인 것으로 보이며, A씨의 상태도 원심판결 당시보다 호전된 것으로 보이는 점 등의 이유로 1심 법원보다 가벼운 금고 8개월에 집행유예 2년을 선고했다.

위 캐디는 카트를 운전하여 골퍼들의 라운드를 보조하는 자였으므로, 오른쪽으로 굽은 내리막 도로였다면 골퍼들에게 사고위험이 높은 곳임을 일깨워 주면서 카트의 손잡이를 꼭 잡게 하고 카트의 속력을 줄여 사고발생을 막았어야 함에도 이를 게을리 한 과실이 있는 것으로 보인다.

위 기사의 내용만으로는 A씨가 안전손잡이를 잡았는지 명확하

지 않으나, 캐디가 내리막 급경사를 운행할 경우에는 골퍼들도 안전
손잡이를 꼭 잡고 전방을 주시하여 안전하게 라운드를 마무리할 수
있도록 각별히 주의를 기울여야 하겠다.

중국 송나라 때의 제동야어(齊東野語)에 "한 순간도 (사고예방을
위한 조치를) 미루지 않는다(刻不容緩 / 각불용완)."는 경구가 있다. 이
경구의 가르침대로, 위 캐디가 사고예방을 위하여 치밀하고도 신중
하게 필요한 조치를 취했더라면 사지마비와 같은 끔찍한 불상사를
막을 수 있었을 것이다.

04

골프장에서 익사사고가 생기다니

50대 여성은 2022년 4월 ○○골프장에서 골프를 치던 중 연못에 빠져 숨진 사고가 있었다.

재충전을 위한 골프가 영영 돌아오지 못하는 사고의 단초가 되었다니 이 얼마나 가슴 아픈 일인가!

이에 대하여 관련 기사(김명진, https://www.chosun.com/national/incident/2022/05/11/CVBOJ3ZYSFG6PNDRZS4PXOISDM/, 2022. 5. 11, 조선일보; 신대희, ttps://newsis.com/view/?id=NISX20221028_0002065

639&cID＝10201&pID＝10200, 2022. 10. 28, 뉴시스) 요지에 기초하여 그 자초지종과 수사결과를 살펴본다.

위 여성은 그날 일행 3명과 위 골프장의 6번홀에서 첫 샷을 하였다. 여성이 친 공은 오른쪽 방향으로 가다가 연못으로 떨어졌고, 나머지 일행이 친 공은 그보다 30~40미터 떨어진 왼쪽 방향으로 갔다. 캐디는 왼쪽으로 친 3인을 보조한 후 오른쪽으로 친 여성을 보조하려고 고개를 돌려보니 보이지 않았다.

캐디가 오른쪽 여성을 향해 갔더니, 연못에서 허우적거리고 있었으며 코만 물 밖으로 나와 있었다. 그 연못의 가장자리는 높이 2미터의 가파른 지형이었다. 캐디와 일행은 여성을 구조하기 위하여 구명튜브를 던졌으나 여성의 손에 닿지 않았다. 재차 구명튜브를 던졌으나 끝내 닿지 않았다.

119구조대가 신고를 받고 사고 현장에 도착하여 여성을 구조했으나 그 여성은 이미 심정지 상태였고, 병원으로 옮겼지만 결국 사망하였다.

경찰은 골프장 연못 주변에 추락 방지용 울타리와 경고문을 설치하지 않거나 안전 주의사항을 설명하지 않은 업무상 과실이 있는 것으로 보고 위 골프장의 안전관리책임자 A씨와 경기보조원 B씨를 기소 의견으로 검찰에 송치하였다.

다만, 경찰은 골프장 사업주와 경영책임자 및 관리책임자들에게 중대재해 처벌 등에 관한 법률(이하 "중대재해처벌법"이라 함)상 중대시민재해에 해당하는지에 대하여 검토했으나, 아래와 같은 이유로 '혐의를 인정할 증거가 불충분하다'고 판단했다.

중대재해처벌법상의 중대시민재해는 공중이용시설의 설계·제조·설치·관리상의 결함으로 재해가 발생해 사망자가 1명 이상 나오는 등의 사고를 말한다(제2조 제3호).

사업주 또는 경영책임자나 안전책임자는 공중이용시설의 이용자 또는 그 밖의 사람의 생명, 신체의 안전을 위하여 재해예방에 필요한 인력·예산·점검 등 안전보건관리체계의 구축 및 그 이행에 관한 조치, 안전·보건 관계 법령에 따른 의무이행에 필요한 관리상의 조치 등을 취하여야 한다(제9조 제2항).

위와 같은 조항에 위반하여 사망사고가 발생한 경우, 그 사업주 또는 경영책임자나 안전책임자는 1년 이상의 징역 또는 10억 원 이하의 벌금에 처하고, 징역과 벌금을 병과할 수 있는 등의 중형에 처하게 되며(제10조), 아울러 골프장 운영법인도 50억 원 이하의 벌금에 처하게 된다(제11조).

그런데, 경찰의 설명에 의하면, 이 골프장은 2021년 말 카트사고의 발생 이후 전문기관으로부터 정기적으로 정밀 안전 진단을 받았고, 안전 관련 부서·인원·예산을 마련한 뒤 시설 정비를 해온 것으로 조사됐다. 또한, 중대재해처벌법에 따라 1년에 2차례 정기 안전점검 계획을 세웠고, 재해 방지와 위험성 평가 내부 지침을 세워 업무를 처리해 왔다.

경찰은 골프장이 사고 예방에 필요한 법규를 지킨 점, 설계에 대한 책임을 전적으로 물을 수 없는 점, 관리상 결함 일부를 업무상 과실치사 혐의로 적용한 점 등을 종합해 중대재해처벌법을 적용하기 어렵다고 판단했다.

골프장 내 사망사고가 중대재해처벌법상의 중대시민재해에 해당하기 위해서는 앞서 살펴본 바와 같은 여러 구성요건을 갖추어야 하는데, 경찰의 조사에 의하면 위 골프장의 사업주 또는 경영책임자나 안전책임자는 위 사망사고가 발생하기 이전에 중대재해처벌법상의 필요한 조치들을 취한 것으로 보인다.

그러나, 이 사고가 중대시민재해에 해당하고 관련 법령상 필요한 조치를 취하지 않은 것으로 인정되었다면, 골프장 사업주 또는 경영책임자나 안전책임자는 엄중한 형사상 대가를 피하기 어려웠을 것이다. 즉, 1년 이상의 징역 또는 10억 원 이하의 벌금에 처하는 등 중형을 받게 되며, 아울러 골프장 운영법인도 50억 원 이하의 벌금에 처하게 되었을 것이기 때문이다.

나아가, 이 법이 공포된 2022. 1. 27.부터 3년이 경과된 이후에는 근로자가 50인 미만의 사업장에도 적용되므로(부칙 1조), 그 적용 대상이 대폭 확대된다는 점에 주의를 기울일 필요가 있다.

중국 명나라 때 소설가인 나관중(羅貫中)의 삼국지연의(三國志演義)에 "법은 사적인 정에 치우치지 않는다(法不循情 / 법불순정)."는 경구가 있다.

법은 사적인 정에 치우치지 않고 그 규정을 엄정하게 집행하게 되고, 일단 법에 위반한 이후에는 법의 처벌이 뒤따르니, 삼국지연의의 가르침을 깊이 헤아려서 중대사고가 발생하지 않도록 각별히 유의해야 할 것이다.

05

내기 골프, 오락일까? 도박일까?

골프에서 내기를 하지 않는 경우는 드물다. 으레 내기를 고려해서 일정액을 준비해 오는 것은 골퍼의 기본이 된 지 오래다. 가벼운 내기는 너무 느슨하여 흥미를 느낄 수 없다고 한다.

하지만, 이러한 내기 골프가 건전한 풍속인 '오락'과 범죄인 '도박' 사이에서 어디쯤에 있는지 혼란스러울 때가 많다.

내기 골프가 오락의 담장을 넘어서는 것은 그럴 만한 이유가 있는 듯하다. 내기 골프에서의 금전 가치는 일상생활에서의 금전 가치와 다르기 때문이 아닐까 생각된다.

한 기사에 의하면, 기업 임원들은 '골프에서의 1만 원이 20만 원의 가치가 있다'고 여기는 것으로 알려진 바 있으며, 일상생활에서의 1만 원이 아니라 자존심이 걸린 만큼 순간적인 체감가치가 치솟는다는 취지로 분석한다(조효성, https://www.mk.co.kr/news/culture/8765856, 2019. 4. 9, 매일경제).

내기 골프가 오락과 도박 중 어느 것에 해당하는 지는 명확하게 구분하기 어렵다. 판례는 일시 오락인지, 아니면 도박인지를 결정할 때, 골퍼의 직업, 도박의 시간과 장소, 가액의 정도, 사회적 지위나 재산 정도, 이득의 용도 등 여러 객관적 사정을 종합적으로 고려한다(대법원 1985. 4. 9. 선고 84누692 판결 등).

또한, 내기 골프가 건전한 근로의식을 침해하지 않을 정도일 경우에는 건전한 풍속을 해할 염려가 없는 정도의 단순한 오락에 그치는 경미한 행위에 불과하여 허용된다고 할 수 있다(대법원 2004. 4. 9. 선고 2003도6351 판결).

위 판례에 의하면, 골퍼들이 미리 일정액을 갹출한 한 후 합의된 금액을 가져오는 게임(스킨스 게임)을 하든, 타수나 홀의 승부에 의한 게임(스트로크 게임 또는 홀매치 게임)을 하든 내기 골프에 건 돈의 총액이 캐디비용과 공동 식비 수준이라면 건전한 풍속을 해할 염려가 없는 단순 오락이라고 할 수 있겠다.

이러한 수준의 내기 골프를 한다면 동반자들간에 정담과 미소를 이어가며 라운드를 즐길 수 있으며, 다음 라운드의 일시를 정하는 데 전혀 문제가 없을 것이다. 그러나, 골퍼들이 그 이상의 금액을 걸어서 어느 동반자가 잃은 금액이 캐디피와 공동 식비의 자기분담분을 넘어선다면 서운함이 남을 수 있을 것이다. 왜냐하면 내기 골프에서의 금전가치는 일상생활에서의 것보다 더 높다고 생각하기 때문이다.

날씨가 풀리는 봄이 되면 골퍼들은 동면에서 깨어나 신춘라운드에 대한 기대가 넘친다. 라운드에 앞서 내기 골프에 대한 방식이나 수준 얘기가 적잖은 시간을 차지할 수도 있다. 이에 대한 갑론을박으로 긴 시간을 허비하지 말고 가벼운 오락 수준으로 조절하자.

도덕경(道德經)은 "만족할 줄 알면 굴욕을 면할 수 있고, 그칠 줄 알면 위기를 피할 수 있으며, 이렇게 해야 오랫동안 편안함과 즐거움을 유지할 수 있다(知足不辱, 知止不殆, 可以長久 / 지족불욕, 지지불태, 가이장구, 44장)."고 충고하니, 이 가르침을 깊이 헤아려야 할 것이다.

내기 골프를 하면서 오락에 만족할 줄 알면 굴욕을 면할 수 있고, 도박이라는 범죄의 담장을 넘기 전에 오락 단계에서 그칠 줄 알면 위기를 피할 수 있으며, 이렇게 해야 오랫동안 골프가 주는 가르침과 즐거움을 누릴 수 있으리라.

06

억대 골프도박으로 실형을 받다니

    H씨 일행은 2004년 제주도 소재 ○○골프장에서 각자 핸디캡을 정하고 홀마다 또는 9홀마다 돈을 걸고 총 26 내지 32회에 걸쳐 내기 골프를 하였다. 일행 중 한 사람은 나머지 일행이 내기 골프를 빙자하여 자신을 상대로 사기도박을 하였다고 고소하였다.

    이와 관련하여, 2심 법원과 대법원은 내기 골프를 한 일행에게 유죄판결을 선고하였으나, 1심 법원은 골프 경기의 승패는 개인의 기량에 의하여 결정되고 우연적 요소가 적으니 도박죄가 성립하지 않는다는 취지로 무죄를 선고하여, 당시 각종 언론에서 큰 주목을 끌었다.

    이 사건에서 내기 골프가 도박죄를 구성한다는 2심 판결의 요지와 대법원의 판결이유를 상세하게 소개한다.

    2심 법원은, 일행은 1타당 50~100만원으로 하되 라운드 후 정산하여 계좌에 이체하기로 정한 후, 3인은 26회에 걸쳐 합계 6억여

원 상당의 상습도박을 했고, 나머지 1인은 32회에 걸쳐 합계 8억여 원 상당의 상습도박을 했다고 인정한 후, 두 사람에 대해서는 징역 6월, 나머지 두 사람에 대해서는 징역 8월의 실형을 선고하였다(서울고등법원 2006. 1. 11. 선고 2005노2065 판결). 대법원은 2심 법원의 판결이 정당하다고 판단함에 따라, 일행은 모두 유죄로 확정되었다(대법원 2008. 10. 23. 선고 2006도736 판결).

대법원은, 형법상 '도박'의 의미는 '재물을 걸고 우연에 의하여 재물의 득실을 결정하는 것'을 말하며(대법원 2002. 4. 12. 선고 2001도5802 판결), 여기서 '우연'이라 함은 주관적으로 '당사자에 있어서 확실히 예견 또는 자유로이 지배할 수 없는 사실에 관하여 승패를 결정하는 것'을 말하고, 객관적으로 불확실할 것을 요구하지 아니하며, 당사자의 능력이 승패의 결과에 영향을 미친다고 하더라도 다소라도 우연성의 사정에 의하여 영향을 받게 되는 때에는 도박죄가 성립할 수 있다고 판시하였다.

2심 법원은 내기 골프에 대해 도박죄가 성립할 수 있다고 판단하였는데, 그 주된 이유를 소개하면 아래와 같다.

① 골프는 당사자의 기량에 대한 의존도가 높은 경기의 일종이지만, 경기자의 기량이 일정한 경지에 올라 있다고 하여도 매 홀 내지 매 경기의 결과를 확실히 예견할 수 없다.

② 골프가 진행되는 경기장은 자연상태에 가까워서 선수가 친 공이 날아가는 방향이나 거리가 다소간 달라짐에 따라 공이 멈춘 자리의 상황이 상당히 달라지기 쉽다. 이는 경기의 결과에 지대한 영

향을 미치게 되는데, 대단히 우수한 선수라고 하더라도 자신이 치는 공의 방향이나 거리를 자신이 원하는 최적의 조건으로 또는 경기결과에 영향이 없을 정도로 통제할 수는 없다.

③ 도박죄에서 요구하는 우연은 선수들의 기량, 투지, 노력 등에 대비되어 다소 부정적인 의미가 내포된 '우연'이 아니라 '당사자 사이에 있어서 결과를 확실히 예견하거나 자유로이 지배할 수 없는' 성질을 가리키는 것으로서 가치평가와 무관한 개념이므로, 선수들의 기량 등을 모두 고려하더라도 경기의 결과를 확실히 예견할 수 없다.

④ 골프를 비롯한 운동경기와 화투, 카드, 카지노 등에서 승패의 결정에 경기자의 기능과 기량이라는 요인과 이와 무관한 우연이라는 요인이 영향을 미치는 정도는 매우 상대적이다.

한편, 대법원은 일행 중 한 사람이 사기 범행의 피해자라는 주장을 배척하였는데, 대법원이 정당하다고 본 2심 법원의 주요 이유를 소개하면 아래와 같다.

① 개인의 골프 핸디캡은 객관적으로 계량화하여 산정하기가 매우 어렵고, 실제 당사자들이 생각하는 자신의 핸디캡은 개인의 주관적인 평가에 상당히 영향을 받는다.

② 내기 골프에서의 핸디캡 조정 등과 같이 도박의 조건을 설정하는 당사자 사이의 조치는 당사자들의 객관적인 기량 차이뿐만 아니라 서로 승산이 높게 도박을 하려는 자연스런 시도가 반영된 흥정

의 결과이기도 하므로 이를 함부로 기망행위로 보기 어렵다.

③ 한 일행은 내기 골프로 돈을 잃자 그 결과에 승복하지 않고 다른 피고인들을 압박하여 수억 원을 받아내고 그 후에도 핸디캡을 자신에게 유리하게 재조정할 것과 새로운 조건으로 내기 골프를 계속할 것을 요구하면서 내기 골프로 잃은 돈을 순순히 포기하려고 하지 않았다.

④ 나머지 일행들이 골프경기를 하면서 조직적으로 혹은 개별적으로 경기결과에 영향을 미칠 만한 속임수를 현장에서 사용한 흔적을 찾을 수 없다.

일행에 대한 공소사실과 일행의 주장요지를 살펴보면, 대자연이 선사하는 힐링 골프는 어디론가 사라지고 도박이라는 범행이 필드를 지배하게 되었으니 참 딱하기 그지없다. 내기 골프라는 미명 하에 돈을 따겠다는 탐욕과 집착으로 과도한 긴장과 이기심이 소중한 시간과 아름다운 공간에 넘쳐 흘렀음을 알 수 있다.

당나라의 문장가인 백거이(白居易)는 장자의 우화를 바탕으로 이런 골퍼에게 따끔한 충고를 던진다. "달팽이뿔만큼 좁은 세상에서 어인 일로 다투는가(蝸牛角上爭何事 / 와우각상쟁하사)?"라고.

우리가 살아가는 세상은 우주의 크기에 비하면 달팽이뿔보다 더 좁다. 이렇게 좁은 세상에서 동반자들간에 분쟁이 발생하여 고소에 이른다는 게 말이 되는가? 더욱이 아름다운 산하와 꽃향기 그윽한 청풍에 대해 어떻게 고개를 들 수 있겠는가?

07

약물 골프로 마약법위반죄를 짓다니

D씨는 2022년 4월 전북 소재 ○○골프장에서 일행이 준 약물 커피를 마시고 내기 골프를 했다가 6천여만 원을 잃은 후 몸 상태가 이상함을 알고 일행을 사기로 고소하였다.

골퍼가 상상하기 어려운 사건이 즐거움과 힐링의 무대에서 발생하다니 커다란 충격에 놀라움을 금할 수 없다.

이 사건의 재판결과는 알기 어려우나, 서울경제의 기사(김후인, https:// www.sedaily.com/NewsView/268P5Q2BTJ, 2022. 7. 28.)를 토대로 그 자초지종과 일행의 법적 책임관계를 살펴본다

일행은 그날 위 골프장에서 평소 골프를 함께 치던 D씨에게 신경안정제의 일종인 로라제팜을 몰래 탄 커피를 마시게 해 의식을 흐리게 만든 뒤 내기 골프를 쳐서 6,000여만 원을 가로챘다. 일행은 커피 제조, 피해자 섭외, 금전 대여, 바람잡이의 역할을 나누는 등 사전에 범행 계획을 치밀하게 세웠다.

D씨가 약물로 인해 무기력감 등으로 이상하여 골프를 치지 않겠다고 하자, 일행은 '많은 사람이 모였는데 그만 친다고 하면 안 된다.'는 취지로 회유하며 얼음과 두통약을 건네기도 했다. 결국 경기를 끝까지 진행할 수밖에 없었던 D씨는 평소보다 점수를 내지 못하여 6천여만 원을 잃고 말았다.

D씨는 라운드를 마친 후 커피 등이 이상함을 알고 경찰에 일행을 사기로 고소하였다. 경찰은 일행 중 한 사람의 소변에서 마약 성분을 검출했으며, 그 사람의 차에서 같은 성분의 향정신성의약품을 발견하였고, 일행이 골프장에서 커피에 약물을 타는 영상 등을 확보했다.

경찰은 마약류 관리에 관한 법률 위반 등의 혐의를 받는 일행 중 2명을 구속하고 나머지는 불구속 상태로 송치했다.

위와 같이 커피에 약물을 타서 동반자에게 마시게 한 후 내기 골프를 쳐 돈을 가로챈 경우 사기죄가 성립하는 것은 명백해 보이지만, 도박죄도 성립할 수 있을까?

도박이라 함은 2인 이상의 자가 상호간에 재물을 걸어 우연한 승패에 의하여 그 재물의 득실을 결정하는 것이므로, 이른바 사기도박에 있어서와 같이 도박당사자의 일방이 사기의 수단으로써 승패의 수를 지배하는 경우에는 도박에 있어서의 우연성이 결여되어 사기죄만 성립하고 도박죄는 성립하지 아니한다(대법원 2011. 1. 13. 선고 2010도9330 판결).

신록이 가득한 초봄의 대자연 속에서 약물을 몰래 탄 커피로 동반자의 의식을 흐리게 한 후 거액을 가로채다니 그 일행의 행위는 도저히 납득할 수 없는 악행이자 중대 범죄다. 골퍼가 어이하여 고상한 품격을 지녀야 할 임무는 팽개친 채 탐욕과 기망이 난무한 범죄의 늪에서 허우적된다는 말인가?

서한시대의 학자 유향(劉向)이 쓴 설원(說苑)에서는 "화는 단번으로 끝나지 않는다(禍不單行 / 화부단행)."고 충고하였다. 이러한 악행은 이 사건의 처벌에 국한되지 않고 정신적, 경제적 손해를 비롯하여 또 다른 화(禍)로 이어질 가능성이 높음을 명심해야 한다.

한편, 약물 커피의 피해자인 동반자가 거액이 걸린 내기 골프에 참여한 것은 화를 키운 데 단초를 제공했다고 할 수 있다. 라운드를 시작할 때나 진행 중에 내기 수준이나 진행 상황을 잘 살펴서 다른 동반자들의 그럴듯한 회유에서 지혜롭게 벗어나자.

전국책(戰國策)에서 "가능한 지를 살핀 후 진행해야 한다(見可而進 / 견가이진)."고 강조했는데, 이는 법적 위험을 비롯하여 각종 부정적 요소를 깊이 헤아려서 다음 단계로 나아가라는 가르침을 전한다.

내기 골프가 도박으로 가지 않고 식비 모으기 정도의 오락에 그치는 것인지에 대하여 냉철하게 살펴서 골프가 선사하는 즐거움과 재충전의 의미를 누려야 할 것이다.

08

보험가입 8일만에 홀인원
사기를 치다니

 L씨는 2017년 2월 홀인원 보험에 가입한 지 8일만에 홀인원을 했다며 허위의 영수증을 제출하여 보험금을 청구했다가 수령 전에 취소하였다.

 홀인원 보험금에 대한 탐욕으로 범죄를 저지른 후 처벌에 대한 두려움을 이기기 어려웠는지 자진 취소로 보험금을 수령하지는 않았다. 하지만 엄정한 법망이 어떻게 그냥 둘 수 있으리오! 그 판결결과와 최근 홀인원 사기에 대한 수사동향 등을 살펴본다.

 이에 대하여 서울경제의 기사(유주희, https://www.sedaily.com/NewsView/26EVFGLKYE, 2022. 12. 12.)에 의하면, 서울남부지방법원은 2022년 12월 L씨에게 보험사기방지특별법위반 혐의를 유죄로 인정해 벌금 400만 원을 선고했다.

 L씨는 2017년 두 차례 홀인원 보험에 가입한 지 8일만에 용인시

소재 골프장에서 홀인원을 했다며, 그로부터 사흘 후 홀인원 기념증서와 홀인원 비용으로 414만 원을 지출했다는 카드 영수증을 보험회사에 제출해 보험금 지급을 청구했다. 그러나 그는 보험금을 수령하기 전에 결제를 모두 취소하였다.

원래 홀인원 사기죄는 형법에 의하여 처벌되었으나, 보험사기가 늘어남에 따라 처벌이 강화된 보험사기방지특별법이 2016. 9. 30. 시행되었다. 이 법은 보험사기행위의 금융감독원 보고, 수사기관 통보, 보험사기죄의 가중처벌 등에 관한 조항들을 규정하였다.

금융감독원의 2022. 9. 28.자 보도자료에 의하면, 금융감독원과 경찰청이 공조하여 홀인원 보험을 비롯한 보험사기 혐의자에 대하여 조사와 수사를 강화하였는바, 그 요지를 소개하면 아래와 같다.

금융감독원은 홀인원 보험금을 부당하게 수령한 것으로 추정되는 168명의 보험사기 혐의자를 확인하고(391건, 편취 금액 : 10억 원), 홀인원 횟수 및 보험금 수령액이 과도한 자, 설계사 주도의 보험사기 의심자 등을 조사대상자로 우선 선정한 후, 허위 비용 청구, 보험의 반복가입에 의한 보험금의 집중 수령 등 의심되는 혐의자를 경찰청 국가수사본부에 통보하였다.

먼저, 허위 비용 청구와 관련하여 두 사례를 들고 있다. 즉, 혐의자 A는 인근 음식점에서 10여분 내 결제한 두 개의 영수증(305만 원)을 제출하였으며, 설계사의 주선으로 보험계약을 체결한 혐의자 B, C는 동반라운드를 통해 돌아가며 홀인원을 한 후 동일한 음식점에서 200만 원 이상을 결제한 영수증을 제출했다. 또한, 혐의자 D는 약 30분 동안 경기도와 강원도에서 서로 다른 카드로 결제된 6개의 카드 영수증을 제출하기도 했다.

다음으로, 반복가입에 의한 보험금의 집중 수령과 관련하여, 혐의자 E는 2019년 중 6일만에 2회나 홀인원을 하였으며, 특히 1차 홀인원을 한 후 5일 뒤 새로운 보험을 가입하고 다음날 2차 홀인원을 했다.

앞서 본 바와 같이 홀인원 사기혐의자가 168명에 달하는 것을 보면, 청정한 대자연과 초록의 페어웨이를 탐욕과 기망으로 변질되게 하는 자들이 얼마나 많은가를 알 수 있다.

엄정한 법의 거울이 필드를 비추고 있는데, 홀인원 사기를 치다니 그 만용은 어디에서 나오는지, 무엇에 의탁한 것인지 도대체 이해할 수 없다.

명나라 때의 유명소설인 수호전(水滸傳)에 "자신의 이득을 얻기 위해 타인을 기망하여 불법을 저지르다(循私舞弊 / 순사무폐)."는 사자성어가 나오는데, 골프의 경우 홀인원 사기범을 두고 하는 말이다.

홀인원 사기를 포함한 골프장 범죄에 대해서는 관용이나 인정이 끼어들 여지가 없이 엄정한 처벌의 대가만 남을 뿐이다. 그러하니, 이러한 탐욕의 유혹에서 벗어나 즐거운 웃음과 넘치는 우의로 청정한 대자연과 페어웨이를 채우자.

09

가짜 영수증으로 홀인원 보험금을 받아 내다니

Y씨는 2018년 11월 보험회사에 가짜 영수증을 제출하고 홀인원 보험금으로 금 250만 원을 받아 보험사기죄를 범했다.

Y씨가 실제로 홀인원을 했는지 의문이 가나, 만일 홀인원을 했다면 가짜 영수증을 제출할 필요가 있었을까?

이와 관련하여, 춘천지방법원은 2021. 11. 10. Y씨에게 보험사기방지특별법위반 혐의를 유죄로 인정해 벌금 80만 원을 선고하였는데(2020고정255), 그 자초지종과 판결이유를 살펴본다.

Y씨는 2016년 6월 홀인원으로 실제 지출한 비용(300만 원)을 보장받는 보험에 가입했다.

Y씨는 2018년 11월 사실은 Y씨가 제출한 영수증은 카드 결제 후 즉시 승인 취소하여 실제로는 발생하지 않은 허위 영수증임에도 불구하고 보험회사에 홀인원 축하 비용으로 각 발생한 100만 원,

150만 원에 해당하는 영수증 2매를 제출하여 보험금을 청구했다. 이와 같이 보험회사를 속여 250만 원을 지급받았다.

이와 관련하여, Y씨는 승인 취소된 카드 매출전표를 첨부하여 보험금을 청구하고 이를 수령한 것은 맞으나, 실제로 홀인원을 한 다음 수령한 보험금으로 축하만찬 및 증정용 기념품 구입 등의 비용에 사용하였으므로 범죄가 성립하지 않는다는 취지로 다투었다.

이에 대하여, 법원은 아래와 같은 이유로 Y씨의 주장을 받아들이지 않았다.

Y씨가 보험회사에게 결제 승인이 취소된 카드 매출전표를 제출한 행위는 카드 매출전표가 진정하게 결제된 것임을 전제로 그 금액에 상당한 보험금을 청구하고자 하는 의사표시로서 보험회사에 대한 기망에 해당한다.

승인 취소된 카드 매출전표를 다른 진정한 카드 매출전표와 함께 제출하여 실손 보험금을 청구한다는 것은 일반인의 건전한 상식에 비추어 볼 때 권리행사의 수단으로 용인될 수 있는 행위가 아니므로, 이에는 기망의 의사가 있었으며 그 편취액은 위 기망행위를 통해 보험회사로부터 수령한 보험금 전액이라 할 것이다.

통상 아마추어 골퍼가 홀인원을 할 확률은 1만 2,000분의 1이니 1주일에 1회 라운드 할 경우 57년이 걸릴 정도로 어려운 일이다(금융감독원 2022. 9. 28.자 보도자료).

아마추어 골퍼가 홀인원을 하기는 이처럼 어려움에도 거짓으로 홀인원을 했다고 한 후 허위의 영수증을 제출하여 보험금을 편취하다니 처벌을 받아 마땅하다.

중국 사서삼경 중 하나인 시경(詩經)에서 경종을 울리는 바와 같이 "선행을 베풀면 상을 줄 것이나, 악행을 저지르면 그에 상응한 처벌이 따른다(賞善罰惡 / 상선벌악)."는 가르침을 명심해서 사리와 법이 통하는 청정 무대 위에서 골프가 주는 선물을 즐겨야 할 것이다.

10

이름 쓴 골프공을 쳐서 액운을 없앤다니

M씨는 2011년 피해자에게 "아들한테 액운이 있으니 골프공에 아들의 이름을 써서 골프채로 치면 액운을 쫓아낼 수 있다."고 속여 돈을 챙겼다.

이는 2심에서 사기죄의 공소에 대하여 증거 부족으로 무죄가 선고되었으나 대법원에서 유죄 취지로 2심 법원에 환송되는 등 공방이 치열했다. M씨는 그럴 듯한 주술을 이용하여 피해자의 절박한 상황을 노린 것이다.

이에 대하여, 대법원이 2017. 11. 9. 선고한 판결(2016도12460)의 요지를 바탕으로 그 자초지종과 법적 책임관계를 살펴본다.

M씨는 이혼 등 개인적인 어려움을 겪어 2005년부터 ○○사를 다니며 기도하는 생활을 하였고, 간호조무사로 일을 하다가 마사지 업소에서 근무한 경력이 있을 뿐 신내림을 받은 무속인이 아니며 피해자를 만나기 전에 기치료를 해 본 경험도 없었다.

피해자는 2011월 9월경 지인과 전화를 하다가 위 ○○사를 찾아가 M씨를 만나 이야기를 하던 중 아들이 조현병을 앓고 있다는 이야기를 했다.

그러자 M씨가 "아들에게 액운이 있으니 골프공에 아들의 이름과 생년월일을 적어 골프채로 쳐서 액운을 쫓아내야 한다. 처의 몸에 붙은 귀신이 가족들에게도 돌아다닌다."라고 말하며 99만 원을 요구하였으며, 피해자는 그 무렵 M씨에게 이 금액을 송금하였다.

이와 관련하여, M씨는 실제로 ○○사 부지 내에 있는 실외 골프연습장에서 피해자 아들의 이름과 생년월일을 골프공에 적어 골프채로 그 공을 침으로써 액운을 쫓아내는 행위를 하였다고 주장했다.

이에 대하여, 법원은 아래와 같이 판단했다.

즉, ○○사 부지 내에 있는 실외 골프연습장은 M씨와 사실혼관계에 있던 자가 그 부지 내에 불교무술 연수원을 조성하겠다며 그 체육시설의 일부로서 설치한 것이지 종교의식을 위한 시설이 아니다. M씨는 평소 위 골프연습장에서 사실혼 관계자로부터 골프를 배우고 연습을 하는 등 체육행위로서 골프를 하였다. M씨가 주장하는 행위들은 경험칙상 전통적 관습에 의한 무속행위나 통상적인 종교행위의 형태라고 볼 수 없다.

그 외에도, M씨는 2011년 9월경부터 피해자에게 적극적으로 한 달에 한 번씩 자신을 찾아오라고 하여 피해자가 찾아왔을 때 그 가족이나 금전관계에 관한 사실을 알게 되자, 피해자에게 그와 관련한 귀신이 있다며 귀신을 쫓기 위한 기도비 등의 명목으로 돈을 요구하여 피해자로부터 금 5,000만 원을 송금받았다.

법원은 이러한 사실을 인정하고 아래와 같이 판단했다. 피해자로서는 M씨로부터 위와 같은 말을 듣고 M씨에게 5,000만 원을 보내어 M씨가 피해자의 가족들을 위해 기도하게 하여야만 가족들에게 발생할 불행을 막을 수 있다고 믿고 위 돈을 M씨에게 송금한 것으로 봄이 합리적이다. 피해자가 이러한 이유로 M씨에게 위 5,000만 원을 송금하여 M씨로 하여금 사용하게 한 이상, 추후 그 돈을 반환하기로 하였는지 여부는 사기죄의 성립에 영향을 미치지 못한다.

피해자는 그 아들이 조현병을 앓고 있어 지푸라기라도 잡고 싶은 상황에 처해 있었다. M씨는 이 점을 이용하여 상식적으로 납득할 수 없는 주술로 피해자를 현혹시켜 돈을 뜯어내다니 놀라움을 금하지 않을 수 없다.

이와 같은 기망행위로, M씨는 피해자를 절박한 상태로 몰아갔고, 여기에 더하여 기도비 등으로 거액을 편취하였으니 죄질이 매우 불량하다.

명나라 때의 전고기문(典故紀聞)에 "엄정하게 처벌하되 관용을 베풀지 않는다(嚴懲不貸 / 엄징부대)"라는 경구가 있는데, M씨와 같은 범죄자에 대해서는 이 경구대로 엄정하게 처벌하여 다시는 이러한 범죄가 세상에서 재발되지 않도록 해야 할 것이다.

당신도 겪을 수 있는 골프장 사건 50

11

골프장에서 여종업원과 강제로
러브샷을 하다니

U씨는 골프장 회장과 친분이 있다며 골프장 여종업원들이 술을 마시지 않을 경우 불이익을 줄 것처럼 협박하여 러브샷을 한 일이 있었다.

골프는 고상한 품격을 갖추어야 하나, 여기에 이르지는 못하더라도 최소한의 기본과 매너를 견지해야 한다. 그럼에도 여기에서 벗어나 범행으로 치닫다니 한심하기 짝이 없다.

이에 대하여, 대법원이 2008. 3. 13. 선고한 판결(2007도10050)의 요지를 바탕으로 그 사건의 전말과 법적 책임관계를 살펴본다.

U씨는 2007년경 ○○골프장의 회장을 포함한 일행과 골프를 친후 위 골프장 내 식당에서 식사를 하면서 그곳에서 근무 중인 여종업원들에게 함께 술을 마실 것을 요구하였다가 거절당하였다.

그러자, U씨는 위 골프장의 회장과의 친분관계를 내세워 여종업원들에게 신분상의 불이익을 가할 것처럼 협박하여 위 여종업원들로 하여금 목 뒤로 팔을 감아 돌림으로써 얼굴이나 상체가 밀착되어 서로 포옹하는 것과 같은, 이른바 러브샷의 방법으로 술을 마시게 했다.

강제추행죄의 성립요건에 대한 판례는 확립되어 있다. 즉, 강제추행죄는 상대방에 대하여 항거를 곤란하게 할 정도의 폭행 또는 협박을 가하여 추행행위를 하는 경우에 성립한다. 이 경우의 '추행'은 객관적으로 일반인에게 성적 수치심이나 혐오감을 일으키게 하고 선량한 성적 도덕관념에 반하는 행위로서 피해자의 성적 자유를 침해하는 것이다. 강제추행에 해당하는지 여부는 피해자의 의사, 성별, 연령, 행위자와 피해자의 관계, 그 행위에 이르게 된 경위, 구체적 행위모습, 주위의 객관적 상황과 그 시대의 성적 도덕관념 등을 종합적으로 고려하여 결정된다(대법원 2007. 1. 25. 선고 2006도5979 판결 등).

법원은 위와 같은 사실을 인정한 후 확립된 판례에 따라, U씨와 여종업원들의 관계, 성별, 연령 및 러브샷에 이르게 된 경위나 그 과정에서 나타난 여종업원들의 의사 등에 비추어 볼 때 U씨의 행위는 '강제추행'에 해당하고, 이때 피해자인 여종업원들의 승낙이 있었던 것으로 볼 수 없다고 판단하여 U씨의 유죄를 확정하였다.

아름다운 산하와 향기로운 코스에서 동반자들과 웃음꽃이 만개한 라운드를 즐겼으면 충분한데, 어떻게 골프장의 여종업원들에게 추태를 보일 수 있단 말인가? 산하와 코스에 대해서도 욕된 행위이다.

그 사람의 골프는 그 사람의 세계다. 따라서 그 사람의 성품, 그때까지의 역사, 나아가 인생관이 포함되어 있다고 할 수 있다. 한 순간의 잘못된 행동으로 그 동안 쌓아온 명예에 씻을 수 없는 오점을 남기다니 한심할 따름이다.

명나라 때의 명량기(明良記)에 "한 번의 실수로 오랜 세월 웃음거리가 된다(一失足成千古笑 / 일실족성천고소)."는 경구가 있는데, 이는 U씨와 같은 사람에게 따끔한 일침을 가한다.

이러한 가르침을 깊이 헤아려서 라운드 중이든, 그 후이든 법이나 도덕에 반하는 행위를 해서는 안 될 것이다.

12

악담과 기습접촉으로 캐디를
강제추행하다니

W1과 W2는 2018년 6월 ○○골프장에서 캐디에게 "이게 만지는 거가?", "필리핀 같이 가자"를 비롯하여 입에 담을 수 없는 언사로 캐디를 강제추행한 일이 있었다.

정상적인 골퍼의 입에서는 도저히 나올 수 없는 악담이다. 당시 캐디가 받았을 성적 수치감과 정신적 충격은 상상하기 어려울 정도로 컸을 것이다.

이에 관한 대구지방법원 경주지원의 판결(2019. 6. 20. 선고 2018고합92) 요지를 바탕으로 사건전말과 법적 책임관계를 살펴본다.

W1은 그날 위 골프장의 힐코스 3번홀에서 여자 캐디에게 "이게 만지는 거가?"라고 말하면서 왼손으로 캐디의 오른쪽 어깨를 톡톡 치는 방법으로 만져 강제추행하였다.

W2는 그날 위 골프장 힐코스 6번홀부터 레이크코스 9번홀에 이르기까지 "네가 이상형이다. 니 같이 작고 가벼운 애들이 들어서 하기 좋다. 필리핀에 같이 가자. 내 이름은 괜히 성기가 아니다."라는 등의 성적인 말을 하면서 수회에 걸쳐 골프채를 건네 주는 피해자의 양손을 잡아 놓아주지 않는 방법으로 만져 강제추행하였다.

법원은 W1과 W2의 위 범죄사실을 인정하여 W1에 대하여는 200만원의 벌금형을, W2에 대하여는 500만원의 벌금형을 선고하였다. 아울러, W1과 W2에게 성폭력범죄의 처벌 등에 관한 특례법의 관련 규정에 따라 성폭력 치료프로그램의 이수명령 및 관할기관에 대한 신상정보 제출명령을 내렸다.

다만, W1과 W2가 성폭력범죄로 형사처벌을 받은 전력은 없는 점, W1과 W2의 연령, 직업, 사회적 유대관계 등에 비추어 W1과 W2에 대한 신상정보 등록 및 성폭력 치료프로그램 이수만으로도 W1과 W2의 재범을 방지하는 효과를 거둘 수 있다고 보이는 점 등을 종합하여, 신상정보를 공개하거나 취업제한명령을 내리지는 않았다.

한편, W1은 '미투' 이야기를 하다가 일행들에게 요즘 세태에 비추어 가벼운 접촉도 문제가 될 수 있다는 점을 설명하기 위하여 손가락으로 피해자의 어깨를 가볍게 치면서 이런 행동도 만지는 것이냐고 물었을 뿐이고, 피해자를 추행한다는 고의가 없었다고 다투었다.

법원은 아래와 같은 강제추행죄의 법리 및 인정되는 사정을 종합하여 W1의 주장을 배척하였다.

강제추행죄는 상대방에 대하여 폭행 또는 협박을 가하여 항거를 곤란하게 한 뒤에 추행하는 경우뿐만 아니라 폭행행위 자체가 추행이라고 인정되는 경우도 포함된다. 이 경우의 폭행은 반드시 상대방의 의사를 억압할 정도의 것일 필요는 없다. 추행은 객관적으로 일반인에게 성적 수치심이나 혐오감을 일으키게 하고 선량한 성적 도덕관념에 반하는 행위로서 피해자의 성적 자유를 침해하는 것을 말한다(대법원 2015. 9. 10. 선고 2015도6980 판결).

법원이 인정한 주요 사정은 아래와 같다.

① 사건 당시 69세의 W1이 처음 만난 골프장 캐디인 27세의 피해자가 있는 자리에서 피해자에게 들으라는 듯이 일행들과 함께 골프장 캐디들에 대한 외모 평가, '미투'에 관한 이야기 등을 하던 중 "이게 만지는 거가?"라고 말하며 피해자의 어깨를 만진 행위는 객관적으로 일반인에게 성적 수치심이나 혐오감을 일으키게 하는 행위이고, 실제로 피해자가 불쾌감을 느껴 "당연히 몸에 손을 대시는 건데 만지시는 거죠."라고 말하기도 하였으므로, 이는 피해자의 성

적 자유를 침해하는 '추행'에 해당한다.

② W1은 피해자의 의사에 반하여 피해자의 신체를 만진다는 것을 인식하면서 위 범죄사실과 같은 행위를 하였으므로 피해자를 추행한다는 고의가 충분히 인정된다.

③ W1의 행위는 이른바 '기습추행'에 해당하므로 그 폭행행위 자체가 추행에 해당하고, W1이 만진 피해자의 신체 부위가 어깨라고 하여 달리 볼 것은 아니다.

라운드를 하다 보면 건전한 유머와 언어추행을 구별하지 못하고 분위기를 어색하게 하는 경우가 있다. 이들의 경계는 오락과 도박의 경계보다 훨씬 좁고 얇다고 할 수 있다. 피해자의 주관적 감정이나 수치심이 우선되기 때문이다.

또한, 캐디가 카트를 운행할 때 골퍼가 과도하게 캐디측에 밀착하여 아슬아슬하게 앉는 경우를 볼 수 있다. 캐디가 성적 수치심을 느낄 수 있음은 물론, 캐디가 이로부터 거리를 두며 운행하다가 카트사고가 날 수 있다.

위와 같은 언어추행이나 기습추행은 미투 얘기로 둘러댈 수 있는 행위가 아니라 명백한 범죄이다. 국회의원 등 고위층에서 추행 문제가 불거지는 것을 보면 사회적 지위에 따라 달리 볼 수 있지 않다. 골프가 주는 가르침과 깨우침, 즐거움과 재충전의 무대에서 어이하여 위험한 적색 라인을 넘으려 하는지 이해할 수 없다.

삼국지연의(三國志演義)에 "함부로 음란한 행위를 하면서도 부끄러운 줄 모른다(荒淫無恥 / 황음무치)."라는 구절이 있는데, W1과 W2의 추태는 삼국지연의의 구절에 다름 아니다.

골퍼들이여! 이와 같은 행위는 엄중한 처벌은 물론, 관련 법령에 따라 성폭력 치료프로그램의 이수명령 및 관할기관에 대한 신상정보 제출명령 외에도, 신상정보의 공개와 취업제한명령 및 손해배상청구의 위험이 있다는 점을 각별히 명심해야 할 것이다.

당신도 겪을 수 있는 골프장 사건 50

13

중년 여성이 캐디 얼굴을 때리다니

중년 여성인 A씨는 2018년 10월 ○○골프장의 사무실에서 손바닥으로 캐디의 얼굴을 때리는 등 폭행한 일이 있었다. 캐디는 경찰에 A씨를 폭행죄로 고소했다.

신성한 골프장에서 폭행이 난무한 상황을 접하니, 골프장이 난잡한 싸움터인지 혼란스럽다. 차분한 언어로 주장하거나 설득할 여유가 없었다는 말인가!

이에 대하여 연합뉴스의 기사(홍현기, https://www.yna.co.kr/view/

AKR20181024076551065, 2018. 10. 24.)를 바탕으로 이 사건의 전말과 그 이후의 진행경과를 살펴본다.

캐디(37세, 여)는 경찰 조사과정에서 A씨가 위 골프장의 주차장에서 차에 골프백을 실어주지 않는다고 언쟁을 하다가 골프장 사무실에서 A씨에 의해 멱살을 잡히고 손바닥 등으로 얼굴, 목, 어깨를 3차례 이상 맞았다는 취지로 주장했다. 경찰은 A씨를 소환하여 폭행이 있었는지 여부와 이 사건의 발생 경위에 대해 조사할 예정이라고 말했다.

골프장 관계자에 의하면, 사건 발생 직후 A씨의 일행 중 한 남성은 위 골프장의 사무실에서 골프채를 휘둘러 유리창 2장을 깼고 그 파편이 안쪽까지 튀었다는 취지로 진술했으나, 위 남성이 피고소인 신분으로 조사되었는지는 확인되지 않았다.

이 사건은 골퍼와 캐디 간에 누가 골프백을 차에 실을 것인지를 두고 언쟁하다가 감정이 격화되면서 폭행으로 비화된 것으로 보인다. 이 사건의 발단은 사소한 말다툼이었으나 폭행이라는 범죄로 변질되어 버렸으니 아쉬움이 남지 않을 수 없다.

도덕경(道德經)은 "물은 만물을 이롭게 하면서도 다투지 않는다(水善利于萬物而不爭 / 수선이우만물이부쟁, 8장)."고 충고하였다. 위 사건과 같은 경우에 '물의 가르침'을 깊이 헤아린다면 서로 거들어서 함께 골프백을 차에 실을 수 있는 미덕을 발휘해야 할 것이다. 이 얼

당신도 겪을 수 있는 골프장 사건 50

마나 고상한 품격의 발로인가!

논어(論語)는 "세 번 생각하고 행동하라(三思而行 / 삼사이행)."고 훈계하였다. 골퍼가 감정을 가라앉히고 여러 차례 그 상황이나 결과를 생각하여 신중하게 행했더라면 언쟁은 물론 폭행의 결과도 발생하지 않을 것이다. 이 얼마나 절제력 있는 군자의 자태인가!

14

거리를 잘못 알려줬다고
캐디 목을 조르다니

L씨는 2009년 9월 경기도 소재 ○○골프장에서 조직원들과 내
기골프를 하던 중 캐디의 목을 졸라 상해를 가한 일이 있었다.

정담과 웃음이 넘쳐야 할 필드에 폭력의 공포와 살얼음의 적막
이 엄습하다니, 생각만 해도 끔찍하고 오싹함을 지울 수 없다. 그 속
에서 캐디의 겁에 질린 표정이 생생하게 와닿는다.

이에 대하여 MBC의 뉴스(박광운, https://imnews.imbc.com/replay/

2009/nw2400/2438720_30576.html, 2009. 9. 12.) 요지를 바탕으로 그 자초지종을 살펴본다.

L씨는 그날 위 골프장에서 4인의 조직원 일행과 1타에 1만 원에서 2만 원짜리 내기 골프를 벌였다. 그러나 L씨는 자꾸 돈을 잃게 되자 이에 격분하여 공을 찾아오지 못한 캐디에게 욕설을 하기 시작했다.

그러다가, L씨는 17번홀에서 캐디가 그린까지의 거리를 잘못 알려줬다는 이유로 캐디의 목을 졸라 캐디에게 3주의 치료를 요하는 목 등의 상해를 가했다. 경찰은 L씨를 상해 등의 혐의로 조사할 예정이라고 했다.

그 당시, 동료캐디는 위 캐디가 "살려주세요! 언니, 맞아 죽어요! 빨리 좀 와 주세요!"라고 소리를 질렀다고 말했다. 캐디의 절규에 의하면, 그녀가 외딴 곳에서 목조임을 당할 당시의 긴박한 상황을 짐작하고도 남음이 있다.

이 사건은 골프뉴스에서도 보기 어려운 중대범죄이다. 시원한 바람이 스치는 초가을, 폭력의 공포와 비명의 절규가 꽃향기 그윽한 필드를 짓눌렀다.

과연 그곳은 법의 지배가 미치는 세상이었는지 의문스럽다. 그 어느 곳도 불법으로부터 자유로울 수 없다고 할진대, 대낮에 이런 불법의 소용돌이가 맑은 공기를 혼탁하게 할 수 있다는 말인가?

중국의 역사서인 사기(史記)에 "법령이나 기강을 엄정하게 집행

하여 조금도 다른 사람의 이익을 침해하지 못하게 하다(秋毫無犯 /
추호무범)."라는 경구가 있는데, L씨와 같은 범법자를 두고 하는 말이다.

　　즐거움과 힐링의 필드에 이와 같은 불법의 그림자가 드리우지
않도록 엄정한 법집행이 이루어져야 할 것이다.

당신도 겪을 수 있는 골프장 사건 50

15

골프회원권 때문에
배임 문제가 불거지다니

골프회원권이 배임죄의 단초가 되어 처벌로 치닫거나 배임죄가 성립되지 않은 경우가 더러 있다.

배임죄로 처벌된 사례로는 골프회원이 회원권을 담보로 제공하기로 하고 돈을 빌린 후 다른 곳에 팔아버린 경우를 들 수 있다.

배임죄가 성립되지 않은 사례로는 골프장 운영자가 일반회원들을 위한 회원의 날을 없애고 그 중에서 주말예약 우선권이 있는 특별회원을 모집한 경우를 들 수 있다.

배임죄의 성립요건을 간략하게 살펴본 다음, 위에서 언급한 처벌 사례와 불성립 사례로 나누어 소개한다.

배임죄는 타인의 사무를 처리하는 자가 그 임무에 위배하는 행위에 의하여 재산상의 이익을 취득하거나 제3자로 하여금 이를 취득하게 하여 본인에게 손해를 가함으로써 성립하는 것이다. 여기에서 그 주체인 "타인의 사무를 처리하는 자"란 양자 간의 신임관계에 기초를 두고 타인의 재산관리에 관한 사무를 대행하거나 타인 재산의 보전행위에 협력하는 자 등을 가리킨다(대법원 2003. 9. 26. 선고 2003도763 판결).

먼저, 배임죄로 처벌된 사례(부천지원 2011. 8. 18. 선고 2010고단 1816 판결)이다.

K씨는 2007년 ○○골프장의 회원으로 있던 중 골프회원증을 J 씨에게 교부하여 담보로 제공하고 그로부터 금 2억 원을 빌렸으므로 골프회원권을 담보 목적에 맞게 보관·관리하여야 할 임무가 있다.

그럼에도 K씨는 이러한 임무에 위배하여 2008년 위 골프장에 골프회원증에 대한 분실 신고를 마친 다음 위 골프회원권을 금 2억 4,800만 원에 제3자에게 양도하여 자신의 사업자금 등으로 사용하였다.

이로써 K씨는 골프회원권 시가 2억 4,800만 원 상당의 재산상 이익을 취득하고, 돈을 빌려준 J씨에게 같은 액수에 해당하는 손해를 가하였다. 법원은 K씨에게 배임죄로 징역 1년 2월의 실형을 선고하였다.

다음으로, 배임죄가 성립되지 않은 사례(대법원 2003. 9. 26. 선고 2003도763 판결)이다.

D사가 A골프장을 인수한 후 B골프장으로 명칭을 변경하여 운

영함에 따라, A골프장의 회원들은 당연히 B골프장의 회원으로서의 지위를 가지게 되었다.

그럼에도 불구하고, D사는 A골프장에서 운영해 오던 '회원의 날' 제도를 폐지하고, 기존회원들을 대상으로 특별회원을 모집하는 것으로 회칙을 변경한 후 총 246명의 특별회원을 모집함으로써 기존회원들의 주말예약권을 사실상 제한하거나 박탈하였다. 나아가, 변경된 회칙에 따른 특별회원 모집에 반대하는 기존회원들에 대하여는 승계등록을 거부함으로써 회원으로서의 권리를 행사할 수 없도록 하는 결과가 되었다.

그렇다고 하더라도, 이는 D사가 기존회원들에 대한 회원가입계약에 따른 민사상의 채무를 불이행한 것에 불과하고, D사가 기존회원들의 골프회원권이라는 재산관리에 관한 사무를 대행하거나 그 재산의 보전행위에 협력하는 지위에 있다고 할 수는 없다. 따라서 D사의 운영자는 배임죄의 주체인 타인의 사무를 처리하는 자에 해당하지 아니한다는 이유로 무죄로 판단하였다.

배임죄에 관한 법리는 다른 범죄의 법리보다 훨씬 복잡하다. 배임죄는 형사적 요소와 민사적 요소 간의 경계에 있어서 그 형사적 판단은 어렵다. 그래서인지 배임을 범죄로 규정하지 않은 나라들이 있다.

우리 나라는 형법 등에서 배임죄에 관한 규정을 두고 있고 손해액에 따라 법정형이 다양하다. 배임죄의 성립과 관련하여, 배임의

'고의'가 있는지와 '사무처리자'에 해당하는지가 종종 문제된다. 배임죄의 법리가 어려운지 여부를 떠나서, 배임의 문제는 계약을 이행하지 않거나 정관 또는 법령을 준수하지 않은 데서 불거진다.

맹자(孟子)에 "간단한 약속을 잘 지켜야 중요한 일을 실행할 수 있다(守約施博 / 수약시박)."라는 명구가 있는데, 우리에게 커다란 가르침을 전한다.

우리가 약속이나 계약을 잘 지키고 법규나 회사의 정관을 잘 준수한다면 배임 문제나 이로 인한 분쟁이 발생하지 않을 것이다.

16

겁을 주어 골프회원권 사용을
제한하다니

골프장 운영자는 기존 골프회원에게 불리하게 변경된 회칙에 동
의하지 않으면 회원으로 대우하지 않겠다고 통지한 일이 있었다.

그 운영자는 강요죄 등으로 기소되었는데, 이에 대한 2심 법원과
대법원의 판결결과는 어떻게 되었을까?

이와 관련하여 대법원은 2003. 9. 26. 선고한 2003도763호 판결
에서 강요죄의 법리를 적시한 다음, 강요죄를 인정한 2심 법원의 판
단이 정당하다고 판시하였는데, 아래에서 2심 법원이 인정한 사실
관계와 판결이유를 소개한다.

강요죄라 함은 폭행 또는 협박으로 사람의 권리행사를 방해하거
나 의무 없는 일을 하게 하는 것을 말한다. 여기에서의 '협박'은 객
관적으로 의사결정의 자유를 제한하거나 의사실행의 자유를 방해
할 정도로 사람에게 겁을 먹게 할 만한 해악을 고지하는 것을 말한

다(대법원 2002. 11. 22. 선고 2002도3501 판결).

A사가 ○○골프장을 인수한 후 그 명칭을 변경하여 운영함으로써 체육시설의 설치·이용에 관한 법률에 따라 기존 회원들은 명칭이 변경된 골프장 회원의 지위를 가지게 되었고, 회원지위 승계등록절차는 골프장 회원관리에 필요한 행정절차에 불과했다.

그럼에도 불구하고, A사의 최대주주인 B씨는 그 대표이사와 공모하여, "기존 회원들을 대상으로 금 1억 3,000만 원의 수익증권을 매입하는 600명에게 예약 우대와 그린피 면제 등의 특전을 부여하는 특별회원을 모집하겠다."는 내용의 안내문과 함께, 변경된 회칙을 첨부하여 이에 동의하고 회원자격 승계약정을 승낙하며 회원 등록을 신청하라고 요구했다.

그러나, B씨는 기존 회원들이 변경된 회칙에 동의한다는 문구를 삭제하여 발송한 회원등록신청을 반송하면서 이러한 회원들의 승계등록신청을 거절하였다.

B씨는 그 후 승계등록절차를 밟지 않은 회원들의 예약을 사실상 거절하거나 예약이 된 경우에도 이를 취소하는 한편, 라운드를 하더라도 비회원 요금을 징수하고 클럽하우스 현관 출입문에 승계등록을 거절하는 회원들에 대하여 회원대우를 해 줄 수 없다는 취지의 공고문을 부착하는 등 회원의 권리를 제한하였다.

2심 법원은 위와 같이 인정된 사실에 의하여 다음과 같이 판단했다.

B씨는 행정적 절차에 불과한 회원의 승계등록절차를 빌미로 회사측에서 요구하는 대로 승계등록절차를 이행하지 않는 한 회원의

자격을 인정하지 않고 예약제한, 비회원요금 징수와 같은 재산상 불이익을 가하겠다는 의사를 명시하였다.

이는 재산상 불이익이라는 해악을 고지하는 방법으로 회원들을 협박하여 회원권이라는 재산적 권리의 행사를 제한하고 변경된 회칙을 승낙하도록 강요한 경우에 해당한다.

B씨는 ○○골프장의 최대주주로서 기존 회원들에 대하여 임의로 불리하게 변경한 회칙에 따르지 않을 경우 회원 자격을 인정하지 않겠다고 의사를 명시함으로써 겁을 주는 방식으로 골프회원의 권리 제한을 강요한 것으로 보인다.

중국의 신문학활동가인 곽말약(郭沫若)은 "다른 사람의 권리나 이익을 빼앗다(爭權奪利 / 쟁권탈리)."라고 언급한 바 있는데, 이는 기존 회원들의 권리 제한을 강요한 B씨를 두고 한 말이라 할 수 있다.

누구든지 기존의 재산상 권리를 침해하여 탐욕을 부린다면 그 이해관계인들의 평화상태가 분쟁의 소용돌이에 빠지게 될 것임은 불을 보듯 뻔한 일인데, 엄정한 법령이 집행되기 전에 상호간의 권리를 존중할 수 없었는지 아쉬움이 남는다.

17

직무상 골프 접대를 받아 처벌되다니

사립 대학병원 의사인 A씨는 제약회사로부터 청탁성 골프 접대를 받아 배임수재죄로 처벌되었고, ○○도시개발공사의 직원인 B씨는 직무에 관하여 골프 접대를 받아 뇌물수수죄로 처벌된 일이 있었다.

두 경우 모두 업무수행이나 직무집행의 공정과 청렴을 견지해야 하는 지위에 있었는데, 이에 반하여 골프 접대를 받았으니 어떻게 법망의 엄정한 적용을 피할 수 있었겠는가?

위 A씨와 B씨가 각각 골프 접대 등을 받은 사례에 대하여 대법원 판결(2011. 8. 18. 선고 2010도10290; 2011. 1. 13. 선고 2009도14660)을 토대로 그 법적 책임관계를 살펴본다.

먼저, 사립 대학병원 의사인 A씨의 배임수재죄에 관한 것이다.

A씨는 의약품인 조영제나 의료재료를 지속적으로 납품할 수 있도록 해달라는 부정한 청탁 또는 의약품 등을 사용해 준 대가로 제

약회사로부터 골프 접대 등 향응을 제공받아 배임수재죄로 기소되었다.

대법원은 위 사안에 대하여 아래와 같은 이유로 유죄 인정의 원심 판단을 받아들였다.

형법상 배임수재죄는 타인의 사무를 처리하는 자가 임무에 관하여 부정한 청탁을 받고 재물 또는 재산상 이익을 취득하는 경우에 성립하는 범죄이다.

A씨가 실질적으로 조영제 등의 계속 사용 여부를 결정할 권한이 있었고, 단순히 1회에 그치지 않고 여러 차례에 걸쳐 선물과 향응을 제공받았다. 제약회사는 A씨와 유대강화를 통해 지속적으로 조영제 등을 납품하기 위하여 이를 제공하였다.

이러한 사정을 종합할 때, A씨는 '타인의 사무를 처리하는 자'에 해당하고, A씨가 받은 골프접대비 등은 부정한 청탁의 대가로서 단순한 사교적 범위에 해당하지 않는다.

다음으로, ○○도시개발공사 직원인 B씨의 뇌물수수죄에 관한 것이다. 위 B씨가 관련 법령상 공무원으로 간주되는지 여부가 핵심 쟁점이었다.

B씨는 ○○도시개발공사의 4급 직원으로 근무하던 기간 중에 골프 접대 등으로 재산상 이익을 제공받음으로써 공무원으로 간주되는 지방공기업 직원의 직무에 관하여 뇌물을 받았다는 취지로 기소되었다.

대법원은 위 사안에 대하여 아래와 같은 이유로 무죄 인정의 원심 판결을 파기환송하였다.

지방공기업법은 공사와 공단의 임원 및 대통령령이 정하는 직원은 형법상 뇌물죄의 적용에 있어서 이를 공무원으로 간주한다는 취지로 규정하고 있다(제83조). 여기에서 '대통령령이 정하는 직원'이라 함은 공사와 공단의 정관상 과장 또는 팀장 이상의 직원을 말한다고 규정하고 있다.

그런데, 위 대통령령에 정한 '과장 또는 팀장 이상의 직원'이란 직급을 기준으로 하여 과장 또는 팀장과 동급이거나 그 이상의 직원을 말하는 것으로서 현실적으로 과장이나 팀장의 직위를 가지고 있는지 여부는 문제삼지 않는다.

법원은 위 사안에서 '과장'은 공사 정관의 위임을 받은 인사규정에 따라 4급 직원들로 임용되는 직위로서 엄연히 존재하므로, B씨가 공사의 4급 직원으로서 과장의 직위를 가지고 근무하고 있었던 이상 지방공기업법 대통령령상의 간부직원에 해당하여 형법상 뇌물수수죄의 주체가 될 수 있고, 설령 공사의 직제상 '과'라는 조직이 없더라도 뇌물수수죄의 성립에 장애가 될 수 없다.

공무원이나 공기업 임직원의 지위에 있는지 여부에 관계없이, 누구든지 직무 처리의 청렴성이나 공정성을 준수하지 못하여 금품이나 향응을 제공받은 경우에는 이에 관련된 법령이 엄정하게 관여하게 됨을 알 수 있다.

배임수재죄에서는 부정한 청탁이 범죄성립의 요건이 되지만, 뇌물수수죄에서는 부정한 청탁을 요하지 않고 직무관련성만 있으면 족하다는 점에 주의할 필요가 있다. 또한, 공무원으로 간주되는 공기업 임직원은 직제상 부서 조직을 요하지 않고 관련 법령상 간부직원이면 족하다는 점에 주목할 필요가 있다.

전한(前漢) 말기의 학자인 유향(劉向)의 열녀전(烈女傳)에 "정당하지 않은 방법으로 얻은 재물은 나의 소유가 아니니라(不義之財, 非吾有也 / 불의지재, 비오유야)."는 경구가 있는데, 이는 위 대학병원 의사와 ○○도시개발공사 직원에게 일침을 가한다.

어디 위 대학병원 의사와 공기업 직원에 국한되는 일이겠는가? 누구든지 정당하지 못한 재물을 탐할 경우 그것이 자신의 소유가 될 수 없다는 것은 명백한 사리이자 누구나 아는 상식이다. 그러니, 위 명구의 가르침을 깊이 헤아려서 이처럼 불법적이거나 부정한 유혹에 빠지지 말고 의연하게 대처해야 할 것이다.

18

골프장 음주로 죄를 넷이나 짓다니

A씨는 2020년 12월 인천 소재 ○○골프장에서 음주 측정을 거부한 후 부하 직원을 동원해 블랙박스를 제거하여 위 직원과 함께 처벌된 일이 있었다.

한 잔의 술이 쌀쌀한 초겨울의 한기와 라운드 분위기를 데우는 데는 일조한다. 하지만, 혈중알콜농도가 음주 운전에 이를 정도로 마신다면 법의 그물(法網)이 음주 운전자를 덮칠진대, 이러한 이치를 모르다니 안타까울 따름이다.

이에 대하여 서울경제가 보도한 인천지방법원 판결의 요지(윤선영, https://www.sedaily.com/NewsView/2627ACGH2U, 2022. 2. 19.)를 바탕으로 그 자초지종과 판결결과를 살펴본다.

A씨는 그날 위 골프장의 주차장에서 제대로 주차하지 않은 채 술에 취해 자신의 차량 안에서 잠이 들어 있다가 행인의 신고로 출동한 경찰관의 음주 측정을 거부하였다.

또한, A씨는 음주 측정을 거부한 혐의로 경찰관에게 체포되자 지구대에서 '현행범인 체포 확인서'를 손으로 찢었다. 그후, A씨는 부하 직원 등으로 하여금 사고 차량의 블랙박스 메모리카드를 제거하여 증거를 없앤 혐의도 받았다.

나아가, A씨와 부하 직원은 교통사고 2건이 실제로 일어난 것처럼 보험회사를 속여 보험금 560여만 원을 챙긴 사실도 확인됐다.

법원은 A씨와 부하 직원의 범죄사실을 인정하여 이들에게 징역 1년 6월~2년에 집행유예 3년을 각 선고했다

A씨는 음주 측정의 거부행위로 도로교통법위반죄를, 현행범 체포 확인서를 찢은 행위로 공용서류무효죄를, 부하 직원으로 하여금 블랙박스의 메모리카드를 제거하게 한 행위로 증거인멸죄를, 교통사고가 발생한 것으로 보험회사를 속여 보험금을 받은 행위로 보험사기방지특별법위반죄를 지었다.

부하 직원은 음주 운전과 전혀 무관함에도 A씨의 요구에 동조하다가 증거인멸죄와 보험사기방지특별법위반죄의 공범이 되었다.

A씨는 음주 측정 거부에서 당초 전혀 생각지 않았던 3개의 범죄를 추가로 짓게 되었고, 부하 직원까지 일부 범죄들에 가담하도록 하였으니, 냉정하게 자신을 돌아보면 땅을 치고 후회할 일이 아니겠는가? A씨는 음주 측정을 거부한 후 비이성적 행동과 얄팍한 술수를 부리다 걷잡을 수 없이 죄들이 늘어났으니 이 얼마나 무지한 일인가?

청나라 때의 유명소설인 홍루몽(紅樓夢)에 "술에 취한 후 사회규범이나 준칙에 반하는 행위를 서슴지 않다(酒後無德 / 주후무덕)."고 지적하였는데, A씨를 두고 한 말이라 하지 않을 수 없다.

지인들 간에 술을 곁들여 정담과 웃음을 나눌 수 있는 분위기라 하더라도, 라운드 후 음주운전은 넓은 초록빛 페어웨이를 즐겁게 걷는 것이 아니라 좁은 회색빛 '법의 담장' 위를 아슬아슬하게 걷는 것이니 각별히 주의하자.

나아가, 주말골퍼가 라운드한 후 운전을 하지 않더라도, 티 없이 맑은 하늘과 향기 그윽한 산하의 아름다움에 취하여 살살 녹는 미주(美酒)의 유혹에 빠지지 말지어다. 음주에 관한 우스개 소리로 '일취월장'이라고 하지 않았던가! '일'요일에 '취'하면 '월'요일이 '장'난 아니라고.

19

골프장에서
수만 개의 골프공을 훔치다니

　2, 3인의 일당은 심야에 여러 골프장에 몰래 들어가 그곳 연못에서 골프공을 건져 팔았다가 특수절도 혐의로 입건된 일들이 있었다.

　사람이 합법적인 경제활동을 통해 정상적으로 영리행위를 할 생각을 팽개친 채 타인의 재물을 훔치다니, 어떻게 준엄한 법의 심판을 피할 수 있으리오!

　여러 골프공 절도사건들이 언론에 보도되었으나 훔친 골프공의 수량이 많은 두 사건(한영혜, https://www.joongang.co.kr/article/21838732#home, 2017. 8. 12, 중앙일보; 홍현기, hhttps://www.yna.co.kr/view/ AKR2019062 7139000065, 2019. 6. 27, 연합뉴스)을 위주로 그 자초지종과 법적 책임관계를 살펴본다.

　U씨 등 2인은 2017년 3월부터 6월까지 전북 일대 골프장 7곳을 돌며 야밤에 골프장에 침입하여 잠수복을 입고 연못에 들어가서 뜰

채로 골프공을 건져내는 방식으로 2,300만 원 상당, 11만 5,000개의 골프공을 훔쳐 특수절도 혐의로 입건되었다.

이들이 훔친 골프공은 전문 매입업체에 1개당 200원에 판매되었다. 매입업체는 골프공을 세척하고 코팅한 후 골프연습장에 1개당 1,000~1,500원에 재판매한 것으로 전해졌다.

또한, A씨와 B씨는 2019년 4월부터 6월까지 인천과 경기도 일대 골프장 3곳의 연못에서 골프공 70포대 분량(5만 6,000개)을 훔쳤다. 스킨스쿠버 자격증이 있는 A씨는 골프장의 감시가 허술한 야간이나 새벽 시간대에 잠수복을 입고 연못에 들어가 손으로 골프공을 건져낸 것으로 조사됐다.

B씨는 A씨가 건져낸 골프공을 포대에 담거나 손전등을 비춰주는 역할을 담당했다. B씨는 골프장을 이동할 때 트럭을 운전하거나 인천과 경기도 지역을 돌며 상대적으로 방범이 취약한 골프장을 물색하는 역할도 했던 것으로 밝혀졌다.

이들은 골프공 800개 정도가 들어간 포대를 14~18만 원에 전문 매입꾼에게 팔아 넘긴 것으로 조사됐다. 경찰은 이들이 아직 팔아 넘기지 않은 골프공 13포대를 B씨의 아파트 지하 주차장에 세워져 있던 트럭에서 압수했다.

심지어, J씨 등 2인은 2009년 8월 심야에 골프장 2곳의 연못에서 뜰채로 500여 개의 골프공을 훔쳐 도주하다가 자동차의 타이어가 펑크 나자, 골프장 인근 마을에서 공구를 구하기 위해 서성이던 중 이를 수상히 여긴 마을이장의 신고로 경찰에 덜미가 잡힌 일도 있었다(김승만, http://www.jeollailbo.com/news/articleView.html?idxno=307943 , 2009. 8. 10. 전라일보).

골프공 절도는 2인 이상의 일당이 야간에 몰래 골프장에 들어가 그곳 연못에서 훔치는 경우가 대부분이어서 특수절도죄로 의율된다. 특수절도죄의 법정형은 1년 이상 10년 이하의 징역에 처한다고 규정되어 있어, 6년 이하의 징역이나 1천만 원 이하의 벌금에 처하는 단순절도에 비해 더 무겁다.

위에서 소개한 사례들에 의하면, 어떤 사람은 잠수복을 구비하는가 하면, 어떤 사람은 스킨스쿠버자격까지 보유한 경우도 있었다. 이들이 골프공을 훔친 후 구매업체에 팔아 넘기면, 그 업체는 골프공을 세척하여 상태에 따라 다른 가격으로 골프연습장 등에 판매하는 사슬구조가 유기적으로 작동되는 것으로 보인다.

중국 역사서인 북제서(北齊書)에 "쥐가 살금살금 조그만 물건을 훔치고 개가 물건을 훔치다(鼠盜狗竊 / 서도구절)."라는 문구가 있는데, 타인의 작은 재물을 훔친다는 사자성어로 자주 쓰인다. 골프공 하나의 가치가 작아 보이지만, 훔친 골프공의 수가 수백 개에서 많게는 11만 5,000개에 달하니 큰 도둑이라 하지 않을 수 없다.

2, 3인의 일당이 심야에 몰래 골프장의 연못에 들어가 뜰채나 그물로 골프공을 건져내는데, 엄정한 법의 망(法網)이 그 뜰채 위로 드리워진다는 것을 명심해서 다시는 이와 같이 우매한 범죄행위를 하지 않길 바랄 뿐이다.

20

골프장 락커룸에서 귀중품을 절취하다니

A씨는 2020년부터 수개 월에 걸쳐 수도권 일대의 골프장을 돌며 락커룸 옷장에서 귀중품을 훔쳐 상습절도 혐의로 구속된 일이 있었다.

기업이 구인난으로 경영상 어려움을 호소하는 상황에서 정상적인 일터를 도외시한 채 여러 골프장을 전전하며 다른 사람의 소중한 물건을 탐하다니 도저히 용서받을 수 없는 범죄행위다.

위 상습절도사건과 이와 유사한 골프장 락커룸의 절도사건의 전말과 법적 책임관계는 어떻게 되었을까?

여러 골프장 락커룸의 절도사건들이 언론에 보도되었으나, 두 사건(신경철, https://www.kgnews.co.kr/news/article.html?no=639966, 2021. 4. 14, 경기일보; 정회성, https://www.yna.co.kr/view/AKR2022121 6054100054, 2022. 12. 16, 연합뉴스)의 자초지종과 법적 책임관계를 살펴본다.

A씨는 2020년 5월부터 2021년 3월까지 골프장 이용객으로 가장해서 수도권 일대 골프장에 들어가 이용객들이 락카룸의 비밀번호를 누르는 것을 몰래 보고 외웠다가 자리를 비운 사이에 기억해 둔 비밀번호로 락커룸을 열어 고급시계와 현금을 훔쳤다.

A씨는 이와 같은 방법으로 총 11회에 걸쳐 합계 금 1억 3,500만 원 상당의 고급시계와 지갑, 현금을 절취한 혐의다. 조사결과, A씨는 위와 같이 훔친 물건과 돈을 생활비와 골프비용으로 사용한 것으로 확인되었다.

심지어, B씨는 2022년 12월 국민의 재산과 생명을 보호해야 할 현직 경찰임에도 본연의 직무를 져버린 채 ○○골프장의 락커룸에서 비밀번호를 누르는 것을 몰래 본 후 외웠다가 그 비밀번호를 눌러 현금 수백만 원이 든 지갑을 훔친 혐의로 큰 충격을 준 바 있다. B씨는 절도죄로 벌금 200만 원의 약식명령을 받았을 뿐만 아니라 징계절차에서 해임처분도 받았다.

골프장 내 절도사건은 스크린골프장이라고 하여 예외가 아니다 (https://www.ytn.co.kr/_ln/0103_201102242302004505, 2011. 2. 24, YTN).

D씨 외 3인은 2011년 2월 ○○스크린골프장에 복면을 하고 들어가 시가 300만 원 상당의 골프세트 4개를 훔치는 등 전국의 스크린골프장에서 10차례에 걸쳐 합계 금 3천만 원 상당의 골프용품을 훔쳐 특수절도 혐의로 구속영장이 신청되었다.

골프장 락커룸의 절도는 범인이 이용객인 것처럼 가장하여 락커룸에 들어가 몰래 본 옷장의 비밀번호를 눌러 귀중품이나 현금을 훔친 경우가 많은 반면에, 스크린골프장의 절도는 2인 이상의 범인이 합동하여 심야에 창문을 열거나 부수고 들어가 골프클럽을 훔친 경우가 많으니, 공동 범행, 잠입 방식, 물품 종류 등의 면에서 락커룸 절도와 차이가 있다.

중국의 4대 기서 중 하나인 수호전(水滸傳)에 "닭을 훔치고 개를 잡다(偸鷄摸狗 / 투계모구)."라는 경구가 있다. 건장한 사람이 정당한 방법으로 땀 흘려 재물을 얻지 않고 다른 사람이 피땀으로 일군 것을 훔쳤으니, 이는 수호전의 경구가 일침을 가하는 바이다.

중국의 책략모음집인 전국책(戰國策)에 "양을 잃고 우리를 고친다(亡羊補牢 / 망양보뇌)."라는 충고가 있는데, 골프장 운영자는 물론 골퍼들도 골프클럽이나 귀중품을 분실하기 전에 보다 철저하고 치밀하게 간수해야 할 것이다.

IV

징계

01

오구 플레이로 3년간 출전이 정지되다니

Y선수는 2022년 대한골프협회(이하 "협회")에 한국여자오픈 골 프선수권대회에서 잘못된 공을 치고도 신고하지 않은 채 경기를 했 다고 자진 신고하여 골퍼와 관계자들에게 충격을 주었다.

Y선수는 2022년 한국여자프로골프협회(KLPGA) 투어에 데뷔하 여 한 차례 우승을 한 데다 당시 세계랭킹 75위로서 한국여자골프의 신성으로 촉망을 받았기 때문에 주위에 더욱 큰 놀라움을 주었다.

필자는 Y선수가 치는 드라이버 샷을 보면서 근래 보기 드문 초 장타의 등장에 박수를 보내며 응원해 왔는데, 이러한 오구 플레이로 3년 출전정지라는 중징계를 받다니 아쉬움을 떨쳐버릴 수 없다.

이 사건은 2022년 하반기에 여러 언론에서 수 차례에 걸쳐 보도 되어 잘 알려진 것이나, 협회 스포츠공정위원회의 징계 심의 결과 (https://www.kgagolf.or.kr/Notice/PressReleaseView.aspx?p_BOARD_ SE=5105&p_SEARCH_IF=%EC%9C%A4%EC%9D%B4%EB%82%98&p_ PAGE_NO=1, 2022. 8. 19.)와 조선일보 기사(최수현, https://www.chosun.

com/sports/golf/2022/10/11/JFAGMXM3VJCNDOF7BJYQ5NTSQQ/,
2022. 10. 11.)를 위주로 그 자초지종과 징계결과를 살펴본다.

    Y선수는 2022년 6월 레인보우힐스골프장에서 개최된 DB그룹
제36회 한국여자오픈 골프선수권대회에 참가했다. Y선수가 제1일
경기 15번홀에서 티샷한 공이 오른쪽 러프에 빠졌는데, 누군가 공
을 찾았다고 해서 이 공으로 플레이를 했다. 그러나 이 공은 Y선수
가 친 공이 아니었고 동반 선수들의 공도 아닌 것으로 밝혀졌다.

    이는 '잘못된 공으로 플레이'한 이후에 시정하지 않고 16번홀에
서 티샷을 해서 관련 골프규칙을 위반하고 2일째 경기까지 출전하
였으며, 그로부터 한 달이 지난 후인 7월 협회에 자진 신고하였다.

    협회 스포츠공정위원회는 같은 해 8월 Y선수의 골프규칙 위반
및 지연 신고에 대해 징계 심의를 하였다.

    위원회가 적시한 징계사유는 두 가지다. 하나는 Y선수가 골프
규칙에 위배되는 사실을 알았음에도 계속하여 다음 날까지 출전하
여 대회 질서를 문란케 한 점이다. 나머지 하나는 Y선수가 국가대표
출신으로 타의 모범이 되어야 함에도 골프 규칙 위반을 숨기다 상당
기간 경과 후 자진 신고함으로써 골프의 근간인 신뢰를 훼손하여 사
회적 물의를 빚은 점이다.

    위원회는 Y선수가 스스로 신고하고 깊이 반성하고 있는 점을 감
안하였다. 그러나, 위원회는 Y선수의 행위가 스포츠공정위원회규
정 제31조 제2항 소정의 "사회적 물의를 일으켜 골프인 품위를 훼

손시킨 행위"로 보고 "대한골프협회 주최, 주관 대회 3년 출전정지"
의 결정을 내린다고 밝혔다.

한편, Y선수는 관련 규정에 따라 위원회의 징계결정서를 받은
날부터 7일 이내에 대한체육회 스포츠공정위원회에 불복할 수 있었
으나 이에 대하여 불복하지 않았으며, 미국여자프로골프(LPGA) 투
어 퀄리파잉스쿨 참가신청도 하지 않기로 한 것으로 알려졌다.

협회 스포츠공정위원회 위원장이 강조한 바와 같이, 골프는 자
신의 양심이 곧 심판이 되는 유일한 종목이므로 골프의 기본정신 준
수가 무엇보다 중요함에도 순간적인 판단 잘못과 지연 신고로 중대
한 오점을 남기고 말았다.

중국에 "잘못을 범하였는데 또 다시 잘못을 범하다(錯上加錯 / 착
상가착)."라는 성어(成語)가 있는데, 이는 Y선수의 행위를 지적하는
바이다. Y선수가 첫번째 잘못인 '오구 플레이'를 한 후 바로 경기위
원에게 신고하였거나 제1일 경기의 스코어카드를 제출하기 전에 신
고하였더라면 3년 출전정지라는 중징계는 피할 수 있었을 것이다.

Y선수가 3년의 수행기간 중에 1년 6개월로 감경됨에 따라 2024
년 개막전부터 출전할 수 있게 된 것은 매우 다행스런 일이다.

02

경기판정 불만으로 기권하여
중징계를 받다니

S선수는 2008년 스포츠서울 – 김영주골프 여자오픈에서 경기위
원의 판정에 불만을 품고 기권하여 중징계를 받은 일이 있었다.

경기위원의 판정이 경기의 일부임에도, S선수가 그 판정을 냉정
하게 받아들이지 못하고 순간적으로 신중하지 못한 판단을 하여 경
기 도중에 기권하고 말았으니, 그 행동은 진정한 프로의 모습과 거
리가 있는 것으로 아쉬움이 남지 않을 수 없다.

이에 대하여 언론의 보도(주영로, https://www.donga.com/news/
Sports/article/all/20080428/8572176/1, 2008. 4. 28, 동아일보; 강재병,
http://www.jejunews.com/news/articleView.html?idxno = 429108,
2009. 10. 28. 제주일보; 김경수, https://www.hankyung.com/sports/article/
2009110836461, 2009. 11. 8, 한경)를 바탕으로 그 전말과 징계결과 및
그 이후의 상황을 살펴본다.

S선수는 2008년 4월 제주 제피로스골프장에서 열린 스포츠서울－
김영주골프 여자오픈 2라운드 9번홀에서 해저드에 빠진 공의 드롭
과 관련해 경기위원장이 내린 결정에 대해 불만을 표시한 뒤 기권했
다. 그 당시 S선수의 오빠는 갤러리로 참가했다가 위 경기위원장에
게 욕설을 했다.

　이에 대하여, 한국여자프로골프협회(KLPGA)는 상벌위원회를 열
어 S선수에 대하여는 KLPGA 주관대회 출전정지 2년 및 벌금 2,000
만 원을 부과했고, 그 오빠에 대하여는 KLPGA 주관대회 대회장 출
입금지 및 캐디금지 5년을 결정했다.

　그후, S선수는 2009년 10월 일본의 메이저대회인 일본여자오픈
에서 일본 무대 2승째를 거두며 일본여자프로골프협회(JLPGA)의 간
판선수로 떠올랐다. KLPGA는 같은 달 S선수가 JLPGA 메이저대회
에서 우승하여 국위를 선양했고 스스로 반성하고 있다는 점 등을 감
안해 위 징계결정을 사면했다. 이에 따라, S선수는 같은 해 12월 한
국 대표로서 일본 오키나와현 류큐골프장에서 열리는 한일골프대
항전에 참가했다.

　그에 앞서, S선수는 2009년 11월 일본 미에현의 긴데스 가시고
지마CC에서 열린 LPGA투어 미즈노클래식에서 우승함으로써 프로
통산 8승을 일궈냈으며, 2010년 LPGA투어 출전권을 확보하기도
했다.

　S선수는 당시 촉망받는 한국의 대표적인 여자프로였으나 경기

위원의 판정에 대해 기권한 후 자성과 수행의 시간을 보냈을 것이다. 그 후, S선수는 한 단계 성숙한 프로로 거듭나서 일본 프로무대에서 우뚝 설 수 있었을 것으로 생각된다.

맹자(孟子)에 "(하늘은) … 의지와 성격을 강인하게 한 후 그 동안 할 수 없었던 일을 더 많이 할 수 있게 하느니라(動心忍性, 曾益其所不能也 / 동심인성, 증익기소불능야)."라는 명구가 있는데, S선수가 중징계를 받은 후 성찰과 수행을 통해 그 이전보다 더 큰 성취를 일궈낸 스토리와 상통한 것으로 보인다.

S선수의 위 과정을 보노라면, 누구든지 순간적인 실수나 신중하지 못한 행동에 이르지 않도록 주의를 기울여야 할 것이나, 본의 아니게 이러한 결과가 생겼더라도 절망과 좌절의 늪에서 허우적대지 않고 이를 한 단계 성장하는 교훈으로 삼아 더 큰 결실을 이뤄냈다는 것은 우리에게 적잖은 감동을 전한다.

03

자격정지 상태에서 타국 Q스쿨에
응시하다니

일본 프로골퍼인 N씨는 2006년 일본프로골프협회(JGTO)로부터 자격정지 징계를 받은 상태에서 2007년 한국프로골프협회(KPGA) 외국인 출전자격테스트(Q스쿨)에 합격하여 문제가 된 일이 있었다.

프로골퍼가 손바닥으로 하늘을 가리며 징계 사실을 숨긴 채 타국의 출전자격테스트에 응시하다니 보기 드문 충격뉴스다. 어떻게 청정한 초록필드에 혼탁한 흑색그림자를 드리울 수 있다는 말인가?

이에 대하여 한경의 기사(최태용, https://www.hankyung.com/sports/article/2007021545748, 2007. 2. 15.)를 바탕으로 그 자초지종을 살펴본다.

N씨는 2006년 8월 JGTO투어 일본오픈 최종예선에서 스코어카드를 조작한 부정행위로 JGTO 사무국으로부터 2011년까지 자격정지와 벌금 200만 엔의 중징계를 받았다.

그러나, N씨는 이러한 중징계 사실을 숨긴 채 버젓이 2007년 2월 상위 24명을 선발하는 KPGA 외국인 출전자격테스트에 응시하여 12위를 차지했다.

KPGA 관계자는 외국인 출전자격테스트가 시작되기 전에 JGTO 사무국에 일본선수들의 출전명단을 보내어 신분조회를 하였으나 위 사무국으로부터 징계 관련 회신을 받지 못했다는 취지로 말했다. 또한, 위 관계자는 일본선수가 자격정지와 벌금의 징계를 받은 사실이 드러난 만큼 한국투어프로대회에 출전자격을 불허하는 의견이 많다고 덧붙였다.

N씨는 골프를 전문직업으로 하는 프로선수로서 일본 내 중징계 사실을 은폐하고 한국의 외국인 출전자격테스트에 참가했다는 점이 가히 충격적이지만, 그 징계 사유가 스코어 카드의 조작이었다는 점은 더욱 충격적이다.

고상한 품격은 고사하고 꼬리에 꼬리를 무는 부정행위를 저질러서 최소한의 스포츠정신이나 직업소양을 팽개쳐 버리다니, 참으로 딱하기 짝이 없다.

중국 수나라 역사서인 수서(隋書)에 "많은 죄를 지어서 도저히 용서받을 수 없다(十惡不赦 / 십악불사)."라는 구절이 있는데, 이는 N씨의 부정행위를 따끔하게 질타한다.

주말골퍼도 골프규칙이나 매너를 무시하거나 소홀히 하는 저급 골퍼의 태도에서 벗어나 라운드마다 자신에게 엄격한 규칙준수의 자세를 견지함으로써 고상한 품격골퍼가 되자.

04

알까기와 동전치기로 1년간
출전이 정지되다니

B군은 2005년 한국중고등학교골프연맹이 주최한 골프대회에서
원구와 다른 공을 치는 '알까기'와 정지한 공보다 홀에 가깝게 마커
를 던지는 '동전치기'로 징계를 받은 일이 있었다.

B군이 중학생에 불과한 미성년자로서 사리를 제대로 모를 수 있
다고 하지만, 골프대회에 출전한 선수인 이상 골프규칙에 대해여 충
분히 교육을 받았을 것임에도 이와 같은 행위를 하다니 안타까움을

떨칠 수 없다.

B군은 위 골프연맹의 징계결정에 대하여 징계무효확인소송을 제기하였는데, 이에 관한 오마이뉴스의 기사(김진원, https://www.ohmynews.com/NWS_Web/View/at_pg.aspx?CNTN_CD=A0000327975, 2006. 5. 2.)를 바탕으로 그 전말과 판결결과를 살펴본다.

B군은 2005년 8월 경기도 소재 ○○골프장에서 위 골프연맹이 주최한 골프대회에 참가했다. B군이 경기 도중 6번홀에서 티샷한 공이 경계 밖에 있는 나무에 맞자 잠정구를 쳤다. 그후 B군이 공을 찾았다고 하며 원구와 다른 공을 쳤다는 신고가 접수되었다.

위 골프연맹이 이에 대하여 사실확인을 벌인 끝에, B군은 자신의 부정행위를 인정하였으며, 그린에서 여러 차례 정지한 공보다 홀에 가깝게 마커를 놓고 친 행위도 드러났다.

이에 따라, 위 골프연맹은 상벌분과위원회를 열어 B군에게 1년 출전정지의 징계결정을 내리자, B군은 서울동부지방법원에 위 징계결정의 무효확인소송을 제기했다.

위 법원은 B군의 같은 조 선수들과 캐디들의 각 진술 및 당시의 정황 등에 비추어 아래의 사실을 인정했다. 즉, B군이 페어웨이 안쪽에서 원구를 찾았음에도 경기위원에게 확인을 받지 않았고, 이같이 찾아낸 공을 드롭한다는 사실을 경기위원에게 알리지 않았으며, 같은 조의 선수들과 캐디들이 드롭하는 것을 보지 못했다.

위 법원은 이러한 사실에 의하여 B군의 부정행위를 인정하고 위 골프연맹의 징계결정이 현저하게 형평성을 잃어 재량권을 일탈하거나 남용한 것이라고 할 수 없다는 취지로 판시했다.

　B군은 사리 이해와 선수 경험이 부족한 중학생으로서 무거운 정신적 압박과 치열한 경쟁 속에서 좋은 성적을 거두겠다는 의욕이 앞선 나머지 순간적으로 골프규칙에 위반되는 잘못을 저지른 것으로 보인다.

　골프는 엄격한 규칙 준수와 철저한 자율 감시 속에서 우수한 기량과 강인한 정신력으로 성과를 도출해야 하는 품격의 경기이다. 이러한 대원칙의 적용은 나이가 어린 중학생이라고 하여 예외일 수 없다.

　중국의 역사서인 신당서(新唐書)에 "법도를 준수하고 정도를 견지하다(守文持正 / 수문지정)."라는 경구가 있는데, 이는 B군이 골프규칙을 준수하지 못하고 선수로서의 정도를 견지하지 못한데 대하여 일침을 가한다.

　주말골프에서 드물게 알까기나 동전치기가 가십거리에 오르기도 한다. 어떠한 경우에도 이러한 부정행위나 오해유발행위가 생기지 않도록 하여 스스로 엄격한 라운드를 즐겼으면 한다.

05

허위보고 후 근무시간에
골프를 쳐서 해고되다니

P사의 직원인 A씨는 2018년 근무시간에 골프를 친 후 거래처 방문기록을 허위로 제출하고 비용을 지급받아 위 회사로부터 해고된 일이 있었다.

회사 직원이 근무규정에 위반하여 허위의 사유를 제시하고 골프를 친다는 것은 법망을 벗어날 수 없으며, 또한 이러한 상황에서 공을 제대로 치기 어려웠음은 쉽게 짐작할 수 있다.

이에 대하여 관련 기사(이윤호, http://www.dailypharm.com/Users/News/NewsView.html?ID=261190, 2020. 1. 23, 데일리팜; https://mnews.imaeil.com/page/view/2001120514450976240, 2001. 12. 5, 매일신문)를 바탕으로 그 자초지종과 징계결과를 살펴본다.

A씨는 2018년 9월 근무일 중 이틀 동안 임원의 제의에 따라 팀 동료들과 함께 골프를 치고, 같은 날 영업처에 방문한 것처럼 허위

기록을 제출하여 일비로 36,000원을 지급받았다.

이에 대하여, P사가 2019년 7월 관련 규정 위반으로 A씨를 해고하자, A씨는 관할 지방노동위원회에 위 해고결정이 인사재량권을 남용하였다는 이유로 부당해고구제신청을 제기했다. 위 지방노동위원회는 A씨의 구제신청을 받아들이자, P사는 중앙노동위원회에 재심신청을 제기했다.

중앙노동위원회는 재심판정에서 A씨에 대한 징계사유는 인정되나 평소 근무태도나 실적이 우수했던 점을 볼 때 해고결정은 인사재량권의 범위를 벗어났다고 판단했다.

한편, 공적자금이 투입된 파산 금융기관의 직원 19명이 2001년 근무일에 휴가신고 없이 골프를 친 사실이 감사원 감사에 의해 적발되었는데, 그 중 무단결근자 등 6명이 해고된 바 있다.

회사 직원이 근무시간에 그럴듯한 허위 사유를 내세워 골프를 친 것은 관련 규정에 정면으로 위반됨이 분명하다. 그럼에도 불구하고 어떻게 근무시간 중에 스트레스를 풀며 재충전과 힐링을 위한다는 변명을 내세울 수 있으리오!

골프가 우리에게 재충전과 힐링의 즐거움을 주는 것은 분명하지만, 관련 규정을 위반해 가면서 골프의 단맛을 탐하는 것은 법망이 용납하지 않음을 깊이 새기자. 골프와 관련된 여러 유혹들이 적지 않지만, 법규와 상식이 허용하는 범위 내에서 안분지족(安分知足)의 도를 향유할 수 있었으면 한다.

06

국립대 교수가 근무시간에
골프를 쳐서 징계를 받다니

    A씨(국립대 교수)는 1997년경 주간출강부를 허위로 기재한 후 근무시간에 골프를 쳐서 감봉 3월의 징계처분을 받은 후 서울행정법원에 감봉처분취소소송을 제기한 일이 있었다.

    대학교수는 강의, 연구 및 지도 등의 업무를 성실히 수행해야 하는 지성인이라 할 수 있는데, A씨의 행위는 관련 법령에 위반한 것으로서 선량한 일반인의 수준에도 미치지 못하다니 안타까울 따름이다.

    이에 대하여, 서울행정법원이 2000. 3. 23. 선고한 99구3637 판결의 요지를 바탕으로 그 자초지종과 판결결과를 소개한다.

    A씨는 1996년 6월부터 1997년 10월까지 근무시간 중에 직장을 무단 이탈하여 군부대에서 운영하는 ○○골프장에서 골프를 쳤으며, 1996년 7월경 주간출강부를 허위로 작성하였다.

○○대학교는 1998년 6월 교육공무원특별징계위원회에 A씨에 대한 징계의결을 요구하여, 위 징계가 의결되었다. 이에 따라, 교육부장관이 같은 해 8월 A씨에게 감봉 3월의 징계처분을 내리자, A씨는 서울행정법원에 위 감봉처분의 취소를 구하는 소송을 제기하였다.

위 법원은 관련 증거에 의하여 인정된 사실을 바탕으로 다음과 같이 A씨의 청구를 받아들이지 않았다.

골프장 출입과 관련하여, 대학 교수로서의 본연의 업무는 담당 강의를 완수하고 학생을 교육·지도하며 학문연구활동을 성실히 수행하는 것을 포함하므로, A씨가 ○○대학교 총장의 허가 없이 근무시간 중 수차례에 걸쳐 골프를 친 것은 국가공무원법에서 정한 성실의무 및 직장이탈금지의무를 위반한 행위임이 분명하다.

주간출강부 허위 작성과 관련하여, A씨가 위 총장이 비치·관리하는 주간출강부를 사실과 다르게 작성한 행위는 국가공무원법에서 정한 성실의무를 위반하여 직무를 태만히 한 행위에 해당한다.

A씨는 위 징계처분이 교수회 활동에 대한 압박으로서 보복에 기인한 점, 다른 교수들의 골프장 출입에 대하여는 문제삼지 않았던 점 등에 비추어 형평에 반하거나 재량권을 일탈·남용한 것이라고 다투었다.

이에 대하여, 위 법원은 아래와 같이 판단하였다.

A씨의 비위사실이 모두 인정되는 데다가 A씨가 제출한 증거만으로는 위 총장이 보복적 의사로 위 징계처분을 하였다고 인정하기에 부족하다.

또한, A씨의 비위 내용 및 그 정도가 가볍다고 보여지지 아니하고, 대학 교수로서의 사회적 역할, 직무의 특성, 징계에 의하여 달성하려는 행정목적 등을 함께 고려해 볼 때, A씨가 주장하는 사정을 모두 감안한다 하더라도 위 징계처분이 형평의 원칙에 반하거나 징계재량권을 일탈·남용한 것이라 할 수 없다.

대학교수가 학생들의 스승으로서 본연의 업무를 저버리고 허위의 사유를 내세워 근무시간에 학문의 전당을 이탈하여 초록필드를 활보하다니 어떻게 징계처분을 피할 수 있으리오!

중국의 역사서인 북제서(北齊書)에 "다른 사람이 배워야 할 본보기가 되다(爲人師表 / 위인사표)."라는 구절이 있는데, A씨는 대학생들의 스승임에도 이와 정반대의 모습을 보였으니 심히 애석하다.

골퍼들이여! 푸른 하늘과 하얀 구름이 수놓은 초록필드에서 자유롭고 당당하게 골프가 주는 재충전과 즐거움을 누리는 것이 어떨까?

당신도 겪을 수 있는 골프장 사건 50

07

공공기관에서 봉사활동시간 내 골프로
물의를 빚다니

공공기관의 직원들이 봉사활동시간 내 골프로 물의를 빚어 뉴스에 오른 일이 있었다.

직원이 복무규정에 위반하여 부당한 사유를 제시하고 골프를 쳐 일시 그 단맛을 즐겼을 지는 모르겠으나, 어떻게 감사의 그물을 피할 수 있었겠는가?

이에 대하여 관련 뉴스(이제항, https://www.straightnews.co.kr/news/articleView.html?idxno=218978, 2022. 10. 19, 스트레이트뉴스; 유영준, http://www.ceoscoredaily.com/page/view/2019021516574602453; 2019. 2. 18, CEO스코어데일리)의 요지를 토대로 그 실태를 소개한다.

2022년 국정감사 자료에 의하면, 관련자들은 '공공기관 혁신에 관한 지침'에 따라 공공기관 구성원에게 적용되는 '국가공무원 복무규정'에 위반하여, 오전에 출근하지 않고 병원에서 강직척수염과 추간판전위 진단서를 받아 병가를 신청한 후 오후에 골프를 쳤고, 당일 배우자 출산을 사유로 휴가신청을 낸 후 골프를 친 사례도 있었다.

2019년 국정감사 자료에 의하면, 공공기관의 직원 26명은 평일 봉사활동시간과 부서소통행사시간 및 근무시간에 골프를 쳤으며, 부적절한 골프장이용사례 중 평일에 휴가를 내지 않고 골프장을 이용한 사례가 39건(63.9%)으로 가장 많았다.

공공기관의 직원이 봉사활동시간 등 부적절한 시간에 부당한 사유를 내세워 골프를 친 것은 복무규정에 위반됨이 분명하다.

중국의 철학서인 대학(大學)에 "마음에 있지 않으면 보아도 보이지 않다(心不在焉, 視而不見 / 심부재언, 시이불견)."라는 경구가 있다. 직원이 봉사활동시간 등에 본연의 업무에서 이탈하여 골프에 빠져 있다면 평소 업무가 제대로 돌아갈 수 있으리오! 업무를 보았다고 하더라도 제대로 처리하기 어려웠을 것임은 묻지 않아도 알 수 있다.

주말골퍼가 본업에 충실하면서 취미로서 골프를 즐긴다면 그 진면목을 자연스럽게 향유할 수 있을 것이다.

08

투어대회 중에 공이 바닥나 실격되다니

L프로는 2020년 한국프로골프협회(KPGA) 투어대회에서 공이 떨어져 실격되었고, K프로는 2009년 한국여자프로골프협회(KLPGA) 투어대회에서 공이 떨어졌으나 간신히 구하여 실격을 면한 일이 있었다.

투어프로대회는 '모델과 색깔이 같은 공'으로 경기를 해야 하는 규정(one ball rule)을 채택하는데, 투어프로들은 한 라운드에 3~6개 정도 준비하는 경우가 많다.

그런데 투어프로가 예상 밖 경기 난조로 준비한 공을 모두 잃어 버려 실격하게 될 경우 이 얼마나 안타까운 일인가? 투어프로가 경기 중에 공이 하나밖에 남지 않았을 경우 티샷 직전의 육중한 압박은 얼마나 크게 다가오겠는가?

이에 대하여 관련 기사(김경수, http://m.dnews.co.kr/m_home/view.jsp?idxno=202011101711230210413, 2020. 11. 10, 대한경제; 주영로, https://www.donga.com/news/Sports/article/all/20090531/8738491/1https://news.heraldcorp.com/sports/view.php?ud=2019062108560510 55423_1. 2009. 5. 31, 동아일보)를 바탕으로 그 자초지종과 당시의 긴박한 상황을 살펴본다.

L프로는 2020년 11월 파주 소재 서원밸리GC에서 열린 KPGA 투어 LG시그너처 플레이어스챔피언십 3라운드에서 공 6개로 경기를 시작했다. 그는 9번홀을 마칠 때 6오버파를 치면서 가져온 공이 모두 떨어졌다.

이 경우 선수나 캐디가 10분 내에 클럽하우스에 가서 같은 종류의 공을 사오거나 라커룸에 둔 여분의 공을 가져와서 진행하면 지연 플레이로 1벌타만 받고 실격을 면할 수 있었다. 그러나 L프로는 기권을 택하여 실격되었다.

한편, K프로는 투어대회 중 공이 떨어졌으나 간신히 갤러리로부터 공을 구하여 실격을 면했다.

K프로는 2009년 5월 용인 소재 레이크사이드CC에서 열린

KLPGA투어 힐스테이트서경오픈 1라운드에서 준비한 4개의 공을 모두 잃어버렸다. K프로는 4번홀에서 OB를 내면서 공을 잃어버렸고, 후반 두 개 홀에서 티샷한 공을 물에 빠뜨리면서 두 개를 더 잃어버렸다. 마지막 한 개 남은 공으로 경기를 하던 중 16번홀에서 티샷한 공마저 물에 빠뜨리게 되었다.

K프로는 초조한 마음으로 동반 선수와 앞뒤 팀 선수들에게 동종의 공을 구했으나 허사였다. 마침 갤러리 중 한 명이 여러 개의 공을 가지고 있었는데, 다행히 그 중 하나가 같은 종류였다. 그 공은 다 헐어서 커버가 벗겨진 것이었지만 감지덕지했다. 그는 천신만고 끝에 위 갤러리로부터 공을 구해 간신히 실격을 면했다.

K프로는 경기를 마친 후 도움을 준 갤러리에게 감사의 답례로 골프공 한 박스를 선물했다고 한다. 1라운드에서 7오버파로 경기를 마쳤으나 2라운드에서 스코어를 만회하여 3라운드에 진출했다.

투어프로가 대회 중에 공이 바닥나 실격을 당하거나 하나밖에 남지않아 실격 위기에 처했을 때 그 심정은 어떠할 지 어렵사리 짐작이 간다.

중국의 역사서인 좌전(左傳)에 "편안할 때 위기를 생각하고, 생각하면 대비해야 하며, 대비하면 후환이 없다(居安思危, 思則有備, 有備無患 / 거안사위, 사즉유비, 유비무환)."라는 경구가 있다.

투어프로가 통상의 경기 상태를 고려하여 소수의 공을 준비하는 경우가 대부분이지만, 좌전의 위 가르침에 따라 뜻밖의 경기 난조로 공이 떨어질 수 있다는 만일의 상황을 생각하여 사전에 치밀하게 대비해야 할 것이다.

당신도 겪을 수 있는 골프장 사건 50

09

스코어를 잘못 적어 대회 중에 짐을 싸다니

    L프로는 2021년 한국여자프로골프협회(KLPGA) 투어대회에서 스코어를 잘못 적어 실격되었고, 더그 샌더스(미국)는 1966년 미국 프로골프협회(PGA) 투어대회에서 스코어 카드에 이름을 적지 않아 실격된 일이 있었다.

사소한 실수로 그 동안 혼신을 다해 준비한 대회 중에 짐을 싸야 하다니 이 얼마나 가슴 아픈 일인가? 투어프로가 스코어 카드를 제대로 기재하는 것이 아주 가벼운 것처럼 보이나 좋은 스코어를 얻는 것보다 훨씬 더 중요하리라.

이에 대하여 관련 기사(주미희, http://www.golfdigest.co.kr/news/articleView.html?idxno＝37844, 2021. 5. 14, 골프다이제스트; 조희찬, https://www.hankyung.com/golf/article/2018090956941, 2018. 9. 9, 한국경제)를 바탕으로 그 자초지종을 살펴본다.

L프로는 2021년 5월 수원컨트리클럽에서 열린 KLPGA투어 NH 투자증권 레이디스 챔피언십 1라운드에서 1오버파 73타를 쳤으나 뜻밖의 사정으로 실격되었다.

골프규칙에 따르면, 스트로크 경기에서 플레이어는 홀 스코어를 확인하고 서명 후 스코어 카드를 제출해야 하는데, 실제 스코어보다 낮은 스코어를 제출한 경우에는 실격되고, 높은 스코어를 제출한 경우에는 그대로 인정된다.

그런데 L프로는 이날 9번홀에서 파, 18번홀에서 버디를 기록했으나, 9번홀과 18번홀의 스코어를 바꿔 적는 바람에 스코어 기재 규정에 위반했다. 버디를 파로 쓴 것은 그대로 인정되지만, 파를 버디로 쓴 부분으로 인하여 실격되었던 것이다.

한편, PGA투어대회에서는 이보다 훨씬 더 딱한 일이 있었다.

PGA투어 20승의 샌더스(미국)는 1966년 펜사콜라오픈 2라운드에서 5언더파 67타라는 좋은 성적을 거두며 연속 우승을 향해 순항 중이었다.

그는 몰려드는 갤러리들의 사인 요청에 일일이 응하다가 스코어 카드에 자신의 이름을 적는 것을 깜박했다. 만족스런 스코어를 기록하고도 이름을 적지 않은 중대 실수로 실격 당한 것이다.

샌더스는 1라운드에서 9타를 줄인 데다 2라운드에서도 5언더파 67타를 기록하여 타이틀 방어를 앞두고 있어서 아쉬움은 더욱 컸다.

플레이어가 고도의 긴장이 지속되는 대회에서 라운드를 하다 보니 자칫 순간적 부주의로 스코어를 잘못 기재하거나 스코어 카드에 이름을 서명하지 않을 수 있다.

2023년부터 적용되는 개정 골프규칙에 의하면, 스코어 등의 사항은 디지털화함에 따라 이에 관한 책임은 플레이어가 아닌 주최측 (또는 마커)이 부담하게 되므로, 플레이어가 스코어 카드에 서명하지 않았다고 하여 실격되지 않고 마지막 홀에 2벌타를 추가하는 로컬 룰 모델 L－1이 도입되었는데, 앞으로 대회 주최측이 이 로컬룰 모델을 적용할 것으로 보인다.

중국 청나라의 역사를 다룬 청사고(淸史稿)에 "조금도 해이함이 없이 끝까지 신중함을 견지한다(堅持不懈 / 견지불해)."라는 경구가 있는데, 골프규정의 개정 여부를 떠나 위 두 사례에 대하여 전하는 충고가 크게 와 닿는다.

주말골퍼들은 파를 0으로, 보기를 1로, 더블보기를 2로 기재하는 방식으로 프린트된 스코어 카드를 받는 경우가 대부분이다. 주말 골퍼가 직접 자신의 스코어 카드를 적어본다면 더 집중하는 라운드를 체험해 볼 수 있지 않을까 생각한다.

10

금지된 장비 사용 후 자진 신고로
징계를 면하다니

국내외 프로대회에서 골프규칙상 허용되지 않는 장비를 사용하였다가 관련 규정 위반으로 실격처리된 사례들이 있다.

골프는 자율 심판과 매너의 경기로서 어느 종목보다 더 엄격하고 정확한 규정의 준수와 자율적 감시를 요한다. 그럼에도 골프규칙 위반으로 실격처리됨에 따라 그 동안 심혈을 기울여 온 노력들이 수포로 돌아가다니 얼마나 가슴 아픈 일인가?

이러한 실격사례들 중에는 골프규칙에서 허용되지 않는 장비를 사용한 후 뒤늦게 자의로, 또는 경기위원 등의 지적에 따라 선수의 이름이 갑자기 점수안내판에서 사라지거나 경기 후 실격처리되기도 한다.

이에 대하여 관련 기사(정현권, https://golf.mk.co.kr/view.php?sc=30600035&year=2022&no=793854 , 2022. 9. 7, 매일경제)를 기초로 골프규칙의 관련 규정과 처리결과를 살펴본다.

G선수는 2022년 7월 한국여자프로골프협회(KLPGA) 호반서울 신문위민스클래식대회를 마친 직후 거리측정기 사용 위반을 자진 신고해 실격됐다. G선수는 대회 기간 중에 거리측정기의 고도측정 기능을 끈 채로 경기했지만 이러한 기능이 탑재된 장비의 사용금지 규정을 위반한 것이다.

KLPGA투어대회는 2022년 시즌부터 선수와 캐디로 하여금 거리측정 장비의 사용을 허용했으나, 고도나 방향 측정 등을 보조하는 장비의 사용은 허용하지 않았다. G선수는 위 대회를 끝내고 바로 신고한 점이 감안돼 실격보다 무거운 징계를 면하게 되었다.

또한, A선수는 몇 년 전 일본 투어에서 나침반을 꺼낸 캐디의 실수로 도중에 실격됐다. 골퍼가 경기 중에 바람이나 잔디결의 방향을 파악하기 위해 나침반 사용을 금한다는 규정을 위반한 것이다.

그 외에도, 일본의 마쓰야마 히데키는 2022년 6월 미국 PGA투어 메모리얼토너먼트 1라운드에서 3번 우드의 헤드면 중앙에 점선으로 원을 그려 놓았다가 관련 규정 위반으로 실격된 바 있다.

위에서 살펴본 장비 관련 규정 위반사례는 프로선수가 고도의 긴장 상태에서 오로지 게임에만 집중하다가 부주의로 골프규칙의 규정을 망각하여 준수하지 못한 것으로 보인다.

위 사례들은 프로선수가 경기 중에 골프규칙을 정확하게 숙지하여 규정대로 경기를 마치는 것이 얼마나 중요한가를 일깨워준다.

청나라 말기의 사상가인 임칙서(林則徐)는 이러한 상황에 대하여

"촌각도 해이함을 용납해서는 안된다(刻不容鬆 / 각불용송)."라고 경종을 울린다. 어떤 일이 별 문제없이 순조롭게 이루어지더라도 골프규칙에 대한 순간적 해이로 실격되는 중대 결과가 초래될 수 있으니, 한 순간도 해이함이 없이 신중하고 치밀하게 처리하라는 것이다.

'촌각의 해이'함 중에서 가장 중대한 결과를 초래하는 것은 골프규칙에 대한 부지나 부주의라고 하겠다. 프로선수가 동작과 멘탈에서 아무리 뛰어난 기량을 발휘하더라도, 경기에 집중한 나머지 골프규칙을 모르거나 부주의로 놓친 경우에는 그 경기에서 쌓아온 순위나 결과가 한 순간에 물거품이 되고 말기 때문이다.

위와 같은 골프규칙의 준수는 주말골퍼라고 하여 예외가 아니다. 주말골퍼가 명랑골퍼로서 라운드를 즐긴다고 하더라도, 가급적 엄격하게 골프규칙에 따라 라운드하는 것이 골퍼의 품격을 한 단계 높일 수 있는 길이리라.

1. 가족 골프 중에 땅이 꺼져 추락사하다니
2. 골프 중에 악어에게 물리다니
3. 골프장에 잡입해 공을 훔치다가 익사하다니
4. 골프장 하늘에서 상어가 떨어지다니
5. 공이 새에 맞고 물에 빠져 컷 탈락하다니
6. 견공이 그린에서 공을 물고 가다니
7. 진행요원에게 공을 찾지 못했다고 폭언하다니
8. 그린에 홀이 없어서 골프장이 아니다니
9. 프로들을 태운 버스가 골프장에 늦게 오다니
10. 늦잠으로 프로암 대회에 지각해 실격되다니
11. 차문이 잠겨서 골프채를 빌려 치다니
12. 물에 빠진 공을 찾지 못해 벌타를 받다니
13. 골프공을 원격 조종해 경기를 방해하다니
14. 홀이 6mm 더 커서 대회가 취소되다니
15. 유리창을 깬 골퍼에게 총을 쏘다니
16. 잔디길이 때문에 1라운드를 취소하다니
17. 로컬 룰을 오해하여 68벌타를 받다니
18. 캐디가 모래를 만져 경기를 지다니
19. 캐디의 나침반 사용으로 짐을 싸다니
20. 다른 선수의 캐디 실수로 벌타를 받다니

V

황당

01

가족 골프 중에 땅이 꺼져 추락사하다니

일본의 30대 여성 골퍼는 2009년 4월 일본의 한 골프장에서 가족과 함께 골프를 치던 중 땅이 꺼지는 바람에 추락하여 사망한 사고가 있었다.

골퍼가 샷을 하려는 순간 그 지점이 갑자기 함몰되어 추락사하다니 하늘도 놀랄 일이 아닐 수 없다. 초봄의 아름다움을 선사하는 대자연 속에서 즐거움을 향유하는 라운드 중에 비명횡사(非命橫死)하다니 이 얼마나 가슴 아픈 사연인가?

이에 대하여 관련 뉴스(김대홍, https://news.kbs.co.kr/news/view. do?ncd=1752011, 2009. 4. 3, 케이비에스)의 요지를 바탕으로 그 자초지종을 소개하고 그 대비책을 생각해 본다.

위 여성 골퍼가 가족과 함께 일본의 한 골프장에서 초봄 라운드를 하던 중 샷을 준비하고 있었다. 그 순간 그 지점의 땅이 갑자기 꺼지는 바람에, 그는 바닥에 추락하여 숨을 거두었다.

함몰 지점은 1.5미터 정도의 둘레에 약 6미터의 깊이로 내려 갈수록 넓어졌다. 그 골프장은 겨울에 눈이 덮여 있어 휴장하였다가 일주일 전에 개장하였다.

경찰은 눈이 녹은 물이 땅밑으로 흐르면서 빈 공간이 생겼다가 위 골퍼의 무게를 이기지 못해 함몰된 것으로 추정했다.

골퍼가 아무리 만일의 위험에 철저하고 치밀하게 대비한다고 하더라도, 자신이 서 있는 지점이 갑자기 깊게 함몰되리라고 누가 예측할 수 있으리오! 영험한 점술사라 하여 이러한 사고를 예감할 수 있겠는가?

골퍼 가족이 긴 겨울을 보낸 후 산수화가 펼쳐진 초봄 코스에서 골프가 주는 재미를 즐기려 했을 텐데, 그 행복의 여정이 뜻밖의 사고 때문에 절망의 시간으로 돌변했으니, 그 유족들의 슬픔을 어떻게 형언할 수 있으랴!

중국 청나라 때의 풍자소설인 유림외사(儒林外史)에 "하늘에 목 놓아 울부짖고 땅에 머리를 쳐댈 정도로 슬프다(呼天搶地 / 호천창지)." 라는 구절이 있는데, 이는 위 여성 골퍼의 유족이 느꼈을 가없는 슬픔에 다름 아니다.

산비탈은 엄동설한으로 겨우내 얼어 있다가 초봄에 기온이 올라가면서 비탈의 토사가 천천히 녹게 되는데, 이러한 경우 비탈이 무너지거나 땅이 함몰될 위험이 생길 수 있다.

골프장 운영자는 이와 같은 사고를 단순한 불가항력이나 불운한

당신도 겪을 수 있는 골프장 사건 50

재해로 치부하기보다는 초봄의 해동 위험을 충분히 점검하여 코스의 붕괴나 함몰 등의 사고를 예방함으로써 골퍼들이 안전하게 라운드를 즐길 수 있도록 해야 할 것이다.

02

골프 중에 악어에게 물리다니

영국인 더기 톰슨(58세)은 2013년 멕시코 휴양지의 골프장에서 라운드 중에 악어에게 물린 사고를 당했다.

관광객이 분주한 업무에서 벗어나 휴양 중에 골프를 치다가 악어에게 봉변을 당하다니 그야말로 글로벌 뉴스감이 아닐 수 없다.

이에 대하여 관련 기사(조효성, https://www.mk.co.kr/news/sports/ 5791393, 2013. 11. 14, 매일경제)를 바탕으로 그 자초지종을 살펴본다.

톰슨은 2013년 멕시코의 대표적 국제휴양지인 칸쿤 소재 한 골프장에서 친구들과 골프를 치고 있었다. 그가 친 볼이 벙커에 빠졌는데, 그 근처에 늪지가 있었다.

그가 벙커샷을 하려는 순간, 4미터나 되는 대형 악어가 갑자기 늪지에서 튀어나와 벙커로 들어와서 그의 오른쪽 허벅지를 물었다.

위와 같이 긴박한 상황에서, 그와 함께 라운드를 하던 친구들이 바로 악어에게 골프채를 휘두르고 카트를 몰고와 악어를 들이받았다.

이러한 사투 끝에, 그는 간신히 구조되어 병원으로 후송됐다. 이 사고로 약 200바늘이나 봉합하는 대수술을 받아야 했다.

톰슨이 이역만리의 세계적 휴양지에서 골프로 재충전의 시간을 갖고자 했던 계획은 뜻밖의 사고로 인해 물거품이 되고 말았다. 누가 벙커샷을 하는 순간에 근처의 늪지에서 악어가 튀어나오리라고 생각이나 했겠는가?

이 사고는 생각만 해도 끔찍하고 아찔한 인재로 보인다. 벙커 근처가 늪지여서 악어가 출몰한 적이 한두 번이 아니었을 텐데, 골프장 운영자가 안전보호시설이나 안전주의판을 설치하였는지 의문이 든다.

이 사고는 현지에서 어떻게 처벌되었는지, 이 사고로 인한 손해배상 문제는 어떻게 처리되었는지 알 수 없다. 하지만, 어느 나라든 법은 정의와 형평의 이념에 입각하여 논리와 경험의 법칙에 따라 합리적으로 적용되어야 한다는 점에 비추어, 멕시코법에서도 골프장 운영자는 골프장시설의 안전관리의무 위반으로 톰슨에게 손해배상 책임을 질 수 있지 않을까 생각된다.

삼국지(三國志)에 "미세한 위험이나 작은 징조를 보고 문제의 발생이나 상황의 흐름을 알다(睹微知著 / 도미지저)."라는 구절이 있는데, 이 가르침에 따라 그 동안의 미세한 위험이나 작은 징조도 허투루 지나치지 않고 미리 사고발생을 막았어야 했을 것이다.

주말골퍼도 라운드 중에 뱀이나 벌의 갑작스런 출몰로 인해 온몸이 오싹할 정도로 놀라는 경우들이 있다. 안내표시를 예의 주시하여 안전 골프를 제일로 삼아야 할 것이다.

03

골프장에 잠입해 공을 훔치다가 익사하다니

　Z씨(58세)는 2022년 베이징 소재 ○○골프장의 구멍 난 철망을 통해 연못에 잠입하여 분실구를 훔치다가 익사한 황당 사고가 있었다.

　사람이 골프장에 무단 침입하여 연못에서 공을 훔치던 중 물에 빠져 사망하다니, 이 얼마나 안타까우면서도 우매한 일인가?

　Z씨의 유족은 베이징제3중급인민법원에 골프장 운영자를 상대로 손해배상소송을 제기하였는데, 위 법원의 판결에 관한 기사(https://baijiahao.baidu.com/s?id=1778988525066098383&wfr=spider&for=pc, 2023. 10. 6, 热点微评社)를 토대로 그 발생 경위와 판단 이유를 소개한다.

　Z씨는 2022년 6월 오후 6시경 오토바이를 타고 집 부근의 골프장을 둘러보러 나섰으나 새벽이 되어도 귀가하지 않자, 그의 처가 경찰에 실종신고를 하였다. 다음 날, 위 골프장의 경비원이 연못 속에 빠져 있는 사체를 발견하고 물 밖으로 건져내어 보니 Z씨로 밝혀

졌다.

경찰이 조사한 사실관계는 다음과 같다. Z씨는 골프장 서쪽의 철망에 뚫려 있는 구멍으로 들어가 약 300미터 떨어져 있는 연못에 이르렀다. 발견 당시, Z씨는 팬티만 걸치고 있었고, 옷과 모자는 물가에 놓여 있었다. 그의 왼손에는 조그만 봉지를 매달고 있었으며, 그 안에는 몇 개의 공이 들어 있었다. 경찰은 Z씨가 당시 분실구를 수거하러 골프장 연못에 들어갔다가 익사한 것으로 판단했다.

Z씨의 유족은 골프장의 철망이 파손되었음에도 그대로 방치함으로써 안전보호의무를 다하지 못하였으므로, 골프장 운영자가 84만 위엔을 배상할 책임이 있다고 주장하였다. 이에 대하여, 골프장 운영자는 Z씨가 골프장에 무단 침입하여 연못에 들어갔다가 위험을 자초하였으므로 책임이 없다고 항변하였다.

1심 법원은 아래와 같은 이유로 Z씨 유족의 청구를 일부 받아들였다. 즉, Z씨는 골프장에 무단 침입하여 골프장 내 연못에서 공을 수거하다가 익사하였으니 Z씨에게 중과실이 있다고 할 것이므로, 손해액의 80%를 부담할 책임이 있다. 한편, 골프장 운영자는 관련 법령상 안전보호의무를 다하지 못했으므로 손해액의 20%를 부담할 책임이 있다.

이에 대하여, 골프장 운영자는 Z씨가 골프장 직원이 퇴근한 후 무단 침입하였으므로 골프장의 안전보호 대상이 아니라는 이유로 상급 법원인 베이징고급인민법원에 불복하였다. 반면에, Z씨 유족은 골프장 운영자가 철망을 수리하여 구멍을 없앴다면 Z씨가 골프장에 들어갈 수 없었고, 위험안내판을 설치하였다면 사망에 이르지 않았을 것이라며 손해배상책임이 있다고 다투었다.

상급 법원은 아래와 같은 이유로 Z씨 유족의 청구를 기각하였다. 즉, 1심 법원이 인용한 국가기준은 강행규정이 아니라 임의규정에 불과하다. 골프장의 철망 파손과 Z씨의 사망 사이에 인과관계가 없다. Z씨는 자신을 위험에 빠뜨린 것이다. 따라서, 골프장 운영자는 과실이 없다.

골프장 익사사고는 국가, 성별, 연령, 계절은 물론, 교육 수준이나 사회적 지위를 가리지 않는다. 하지만, 한 사람이 골프장에 무단 침입하여 소중한 목숨을 걸고 위험한 연못에서 별 가치 없는 공을 훔치다가 익사하다니, 황당하다는 것 외에 다른 표현을 찾기 어렵다.

그럼에도 불구하고 그 유족이 골프장 운영자를 상대로 소송을 제기한 것은 권리남용이라 하지 않을 수 없다.

명나라 역사서인 명사(明史)에 "잘못을 저지른 자가 벌을 받아 사람들에게 상식의 힘을 전하다(大快人心 / 대쾌인심)."라는 경구가 있는데, 어떤 사람이 골프장에 무단 침입하여 분실구를 훔치다가 익사한 후 그 유족이 손해배상 소송에서 전부 패소한 것은 상식의 중요성을 일깨워주고 있다.

주말골퍼가 파손된 철망을 통해 골프장에 들어가 연못의 분실구를 건지려 하지는 않을 것이나, 라운드 중에 연못 속의 골프공을 수거하려고 경사지를 내려가는 우매함은 피해야 할 것이다.

04

골프장 하늘에서 상어가 떨어지다니

　골퍼들이 2012년 가을 미국 샌프란시스코의 한 골프장에서 라운드를 하고 있는데, 상어가 하늘에서 잔디밭에 떨어진 일이 있었다.

　꽃향기 그윽한 가을, 상어가 푸른 하늘에서 초록 필드로 떨어지다니, 이는 도대체 무슨 조화(造化)일까? 뭇사람들이 이해하는 자연법칙과 일반상식으로는 도저히 설명할 수 없는 황당 상황이다.

　이에 대하여 나우뉴스의 기사(송혜민, https://nownews.seoul. co. kr/news/newsView.php?id=20121025601005, 2012. 10. 25.)를 바탕으로 그 전말을 소개한다.

　골퍼들이 2012년 10월 오후 4시경 위 골프장에서 한창 라운드를 즐기고 있었다. 그런데, 약 60cm 길이의 표범상어(leopard shark)가 하늘에서 잔디밭에 뚝 떨어졌다.

　이 상황은 라운드 중인 골퍼들과 골프장 관계자들을 깜짝 놀라게 하였다. 더욱이, 이 상어는 떨어진 직후 상처가 생기긴 하였으나 활발한 움직임을 보이기까지 하여 그들을 더욱 놀라게 하였다.

골프장 관리자는 아마도 인근 해안가에서 이 상어를 잡은 새가 골프장 위를 날다 실수로 떨어뜨린 것 같다고 추측했다.

또한, 지금까지 단 한 번도 이런 일이 발생한 적이 없었다면서 상어는 곧 바다에 풀어줬지만 상처가 심해 살아남을 수 있을 지는 의문이라고 전했다.

유구한 골프사에서 이와 같이 상어가 골프장 하늘에서 필드에 떨어진 사례는 듣지 못했다. 아무리 골프장이 바닷가에 있었다고 하더라도, 어떻게 이러한 희귀 상황이 라운드 중인 골퍼들의 목전에서 발생할 수 있겠는가?

청나라 때의 20년목도지괴현상(二十年目睹之怪現狀)에 "일이나 상황이 매우 기묘하여 그 경위나 연유를 설명할 수 없다(莫名其妙 / 막명기묘)."라는 성어(成語)가 있는데, 위에서 소개한 골프장 상어사건은 막명기묘라는 중국 성어로 설명하기에 충분하다.

골프가 장시간 동안 넓은 코스에서 여러 클럽을 써서 찰나의 동작으로 진행하는 운동이다보니, 다른 운동에 비하여 훨씬 더 다양하고도 기이한 상황들이 발생하는 것은 분명하지만, 위 상어사건은 앞으로도 두고두고 골퍼들의 입에 오르내릴 만하다.

05

공이 새에 맞고 물에 빠져 컷 탈락하다니

　　RBC헤리티지 대회에서 티샷 공이 날아가는 새에 맞고 연못에 빠져 컷 탈락한 황당 사고가 있었다.

　　티샷 공이 나는 새에 맞지 않았더라면 그린에 올라갔거나 그린 부근에 떨어질 수 있었는데, 새에 맞아 연못에 빠지는 바람에 중대한 대가를 치르다니 불운 외의 다른 말로 설명하기 어려우리라.

　　이에 대하여 관련 기사(정대균, https://www.fnnews.com/news/

201804151939442280, 2018. 4. 15, 파이낸셜뉴스)를 바탕으로 그 상황을 살펴본다.

캘리 크래프트(미국)는 2018년 4월 미국 사우스캐롤라이나주 하버타운 골프링크스에서 열린 PGA투어 RBC헤리티지 2라운드에서 티샷을 위해 14번홀(파3, 192야드)에 들어섰다.

그린 앞쪽 20미터 지점에 워터 해저드가 있었는데, 파를 한다면 컷을 통과할 가능성이 높은 반면에 여기에서 타수가 늘어난다면 컷 탈락의 위험이 있었다.

이처럼 중요하고도 긴박한 상황에서, 크래프트가 친 공은 티를 출발하여 순조롭게 그린을 향하여 날아가고 있었다. 고도로 집중하여서인지 티샷한 느낌도 매우 좋았다.

그런데 맑은 대낮에 웬 날벼락인가! 전혀 상상할 수 없는 일이 벌어졌다. 그의 티샷 공이 날아가는 새에 맞더니 그만 그린 앞 연못에 빠진 것이다.

크래프트는 이 홀에서 더블보기를 하는 바람에 1, 2라운드 합계 1오버파를 쳐서 1타 차로 컷 탈락의 고배를 마셨다. 그 홀에서 파나 보기만 하였더라도 컷을 통과할 수 있어서, 이러한 돌발상황이 가져온 불운은 그에게 너무 크게 다가왔다.

크래프트는 경기위원에게 공이 전선에 맞거나 새가 공을 물고 가면 벌타를 받지 않는데 이 경우는 억울하다는 취지로 말하며 패널티에 대한 면제를 타진했다.

경기위원은 전선은 사람이 만든 것이나 새는 신이 만든 것의 차이며 그날은 13일의 금요일로 생각하라는 취지로 위로했다.

그 새는 티샷 공에 맞고도 크래프트의 마음에 큰 상처를 남긴 채 다시 날아서 멀리 사라졌다.

크래프트가 티샷한 공이 새에 맞아 연못에 빠지는 바람에 더블보기를 하게 되었고, 그후 남은 4개 홀을 도는 동안 강하게 짓누르는 긴장과 압박으로 인하여 정상적인 경기를 하기 어려웠을 것으로 보인다.

투어프로가 명예와 보상이 주어지는 큰 대회 중 컷 탈락의 경계에서 돌발 상황으로 인하여 중도에 탈락되는 경우 그 통한의 아쉬움을 어떻게 설명할 수 있겠는가?

중국 동한의 역사책인 동관한기(東觀漢記)에 "거센 바람을 견뎌내야 강인한 풀임을 알 수 있다(疾風勁草 / 질풍경초)."라는 구절이 있다. 이 구절의 '거센 바람'에는 갑자기 날아든 새를 비롯하여 뜻밖의 불운이나 불행도 포함한다고 할 수 있을 것이다.

골퍼가 질풍이나 돌발 상황을 지혜롭게 극복한 후에야 비로소 한 단계 높은 반열에 올라설 수 있으리라.

06

견공이 그린에서 공을 물고 가다니

정체불명의 개가 2012년 유럽프로골프협회(EPGA) 투어대회 중에 그린에서 골프공을 물고 달아난 황당 해프닝이 있었다.

견공이 투어대회의 코스에 들어가 프로선수와 갤러리들을 놀라게 하다니 골프역사에서도 일어나기 희박한 일이리라.

이에 대하여 관련 기사(박기훈, http://www.geconomy.co.kr/news/article.html?no=2511, 2012. 10. 8, 지이코노미)를 바탕으로 그 자초지종을 살펴본다.

폴 케이시(잉글랜드)는 2012년 10월 스코틀랜드 킴스반스 링크스에서 열린 알프레드 던힐 링크스 챔피언십 2라운드 12번홀(파5)에서 기분 좋게 두번째 샷으로 온그린에 성공했다. 공이 홀에서 9미터 정도에 섰으니 이글을 기대하며 경쾌하게 그린을 향해 걸어갈 만했다.

그런데 어인 일인가? 정체불명의 개가 갑자기 그린에 나타나더니 그 공을 물고 밖으로 나가려 했다. 케이시는 이글퍼트를 위하여 그린을 살피던 중에 이 돌발상황을 목도하고 깜짝 놀라서 할 말을 잃었다.

케이시는 그 개에게 공을 가져오라고 손짓을 했으나, 그 개는 전혀 개의치 않은 채 공을 물고 그린 밖으로 유유히 사라져버렸다. 그는 공을 찾은 곳에서 경기를 이어가야 할 지 모른다는 생각에 일시 공황에 빠졌다고 했다.

그는 다른 공으로 원 위치에서 퍼트하려던 참에 갤러리가 13번 홀 쪽에서 공을 찾아 주어 그 공으로 경기를 이어갔다.

골프규칙상 국외자가 공을 움직인 경우 벌타가 없다. 따라서, 개가 공을 물고 갔더라도, 공을 찾은 경우에는 원래의 위치에서 그 공으로, 공을 찾지 못한 경우에는 원래의 위치에서 다른 공으로 경기를 이어가면 된다.

개가 돌연히 그린에 나타나서 공을 물고 달아나다니, 케이시는 듣도 보도 못한 상황에 어안이 벙벙했으리라. 그의 캐디와 동반자들이나 갤러리들도 당혹스럽기는 마찬가지였을 것이다.

중국의 4대 기서 중 하나인 서유기(西遊記)에 "대낮에 귀신을 보다(白日見鬼 / 백일견귀)."라는 구절이 있는데, 케이시의 공을 물고 사라진 개는 대낮에 갑자기 나타난 귀신이나 다름 없다고 하겠다.

주말골퍼들도 전혀 상상하기 어려운 돌발상황이나 사고들을 접할 수 있다. 누군가 이러한 상황이나 사고의 중심에 있다면 결코 가볍게 웃어넘길 수 있는 것은 아니니 그저 생기지 않기를 바랄 뿐이다.

당신도 겪을 수 있는 골프장 사건 50

07

진행요원에게 공을 찾지 못했다고 폭언하다니

H선수는 2022년 한국프로골프협회(KPGA) 투어대회의 최종라운드 중에 용역직 경기진행요원(이하 '포어캐디'라 함)이 공을 찾지 못하자 이에 격분하여 폭언한 일이 있었다.

그가 최종 라운드에서 긴장이 고조된 상황에 처해 있음을 이해할 수 있지만, 에티켓과 매너의 운동인 골프에서 포어캐디에게 폭언한 행동은 골퍼나 갤러리에게 황당함을 떨칠 수 없다.

이에 대하여 관련 기사(김지아, https://www.chosun.com/national/national_general/2022/10/25/UZ2KC5VWAZBFTNYJTHXCR54VKQ/, 2022. 10. 25, 조선일보; 안기영, http://www.golfbiz.co.kr/news/articleView.html?idxno=14543, 2022. 10. 24, 골프경제)를 토대로 그 발생 경위와 처리결과를 살펴본다.

H선수는 2022년 10월 위 골프대회의 최종라운드 4번홀에서 친 티샷이 페어웨이 우측으로 사라졌다.

H선수는 잠정구를 친 뒤 포어캐디가 공을 찾지 못하자 그에게 "교육을 안 받았냐?", "돈 받고 일하는데, 일을 그 따위로 하냐?"는 등의 폭언을 하였다.

한국프로골프협회는 H선수의 행위가 상벌위원회규정 중 '에티켓 위반으로 골프 팬의 빈축을 사거나 협회 또는 다른 회원의 위신을 실추시킨 경우'에 해당하므로 그에게 벌금 1,000만 원 및 포어캐디 봉사활동 40시간의 징계를 결정했다.

위 봉사활동의 대상이 되는 대회는 시즌 종료 직후인 11월 17~20일 열리는 한국프로골프협회 코리안투어 2022~23시즌 퀄리파잉토너먼트 최종전이었다.

H선수는 자신의 미숙한 행동과 부적절한 언행으로 마음의 상처를 입은 포어캐디와 협회 관계자 등에게 사과와 자성의 의사를 밝혔다.

H선수는 2019년 한국프로골프협회 코리안투어에 데뷔한 이래 통산 3승의 전도유망한 프로선수이나 고도의 긴장 상태에서 순간적으로 격분하여 황당한 과오를 저지른 것으로 보인다.

노자(老子)는 도덕경(道德經)에서 "그칠 줄 알면 위기나 위험을 면할 수 있다(知止不殆 / 지지불태, 44장)."라고 훈계한다. 이는 누구든지 긴장되고 예민한 상황에서 냉정하고 차분하게 자신을 되돌아보며 자제할 줄 안다면 황당한 잘못을 비롯하여 다양한 위험에서 벗어날 수 있다는 가르침을 전한다.

H선수가 위 명구의 가르침대로 잠정구를 친 후 격분한 심적 상

태를 가라앉혔더라면 이와 같이 황당한 과오로 인한 징계는 받지 않았을 것이다.

08

그린에 홀이 없어서 골프장이 아니다니

중국 광동성 내 한 소도시에서 중앙정부의 골프장정리정책 재개에 대해 그린에 홀이 없으니 골프장이 아니라는 황당무계한 이유를 내세운 일이 있었다.

골프장이라 함은 관련 법령에 따라 외형과 기능상 요건을 갖추어 골프를 칠 수 있는 체육시설이라 할 수 있을 것인데, 그린에 홀이 없다는 이유만으로 골프장이 아니라는 궤변은 그야말로 뭇 사람의 이목을 끌지 않을 수 없다.

이에 대하여 관련 중국 기사(Ren Chaowen, http://finance.sina.com.cn/roll/20110914/064710475553.shtml, 2011. 9. 14.)를 바탕으로 그 자초지종과 비판을 소개한다.

중국 골프장 관련 중앙정부당국은 2011년 골프장정리정책의 시행을 재개했다.

그러자, 광동성 후이조우시 후이양구 관계자는 관내 ○○골프장(약 40만 평방미터)이 산업단지에 있다는 이유를 내세워 위 골프장이 위법하게 건설되었는 지에 대해 의문을 제기했다.

그는 위 ○○골프장이 골프장에 해당하는 지 말하기 어려우며, 듣자 하니 그린에 홀이 있어야 골프장이라고 할 수 있는데 홀이 없으니 골프장이라고 할 수 없다(没洞不算球场)는 취지로 말했다.

기자는 위 골프장의 홍보자료에 골프장이라고 명시되어 있는데도 홀이 없으니 골프장이 아니라는 황당한 변명을 늘어놓았다고 신랄하게 비판했다.

더욱이, 위 골프장은 후이양구 구청에서 약 10분 거리에 있었으니 오가며 쉽게 알 수 있음에도 골프장이라고 보지 않는 것은 궤변이라고 덧붙였다.

위 골프장이 외형과 기능상 분명할 뿐만 아니라 홍보자료까지 만들어 마케팅한 점에 비추어 골프장임이 명확함에도 그린에 홀이 없어서 골프장이 아니라니, 이는 동서고금을 통해 유례를 찾아보기 어려운 억지이다.

위 골프장이 관련 법령상 허가를 받았는 지는 명확하지 않으나, 허가 여부를 떠나서 골프장으로 운영하다가 중앙정부의 정리정책이 시행될 것을 눈치채고 그린의 홀을 흙으로 메운 후 오리발을 내미는 것이 아닐까 짐작된다.

중국의 역사서인 사기(史記)에 "일이나 이치가 지극히 명확하여 매우 분명하게 보이다(彰明較著 / 창명교저)."라는 구절이 있는데, 이는 골프장임이 분명하게 드러남에도 이를 부인하는 후이양구 관계자의 궤변에 대해 일침을 가한다.

그후 위 골프장이 중앙정부의 정리정책을 회피하였는 지 확인하기 어려우나 과연 엄정한 법의 규제를 벗어날 수 있었을까?

09

프로들을 태운 버스가 골프장에
늦게 오다니

2015년 미국여자프로골프협회(LPGA) 투어 로레나오초아 인비테인셔널에서 투어프로들을 태운 셔틀버스가 뒤늦게 골프장에 도착한 일이 있었다.

주말골퍼도 뜻밖의 교통체증으로 차 안에서 속을 태운 경험이 있는데, 투어프로대회에서 이러한 상황이 발생했으니 버스 안의 프로들은 얼마나 불안하고 초조했을지 짐작이 가고도 남는다.

위 셔틀버스의 늑장도착사고에 관련된 기사(Michael Collins, https://www.espn.com.au/golf/story/_/id/14131129/lpga-tour-pushes-tee-s-back-shuttle-driving-players-gets-lost, 2015. 11. 15, ESPN; https://www.reuters.com/article/golf-lpga-idINL3N13A01W20151115, 2015. 11. 15, Reuters)를 바탕으로 그 자초지종을 살펴본다.

이민지(호주), 카를로타 시간다(스페인), 수잔 페테르센(노르웨이),

앤젤라 스탠포드(미국)는 2015년 11월 멕시코시티 멕시코골프클럽에서 열린 위 프로대회 3라운드에 참가하기 위하여 예정대로 오전 9시 30분 주최측이 제공한 셔틀버스를 탔다.

그러나, 위 셔틀버스가 출발한 후 뜻밖의 도로폐쇄로 특수차량만 통행할 수 있는 길을 거쳐 골프장에 가다 보니 통상 15분 정도면 갈 거리를 2시간이 넘게 걸렸다.

위와 같이 셔틀버스가 늦게 도착하자, 주최측은 위 4명의 선수들에 이어서 진행될 마지막 3조의 티오프시각을 조정했다. 골프규칙에 의하면 투어프로가 티오프시각보다 5분 늦게 도착할 경우 실격되나, 주최측은 예외적 상황을 이유로 이 규정을 적용하지 않기로 결정했다.

스탠포드는 위 셔틀버스에 갇혀 있는 동안 수차례에 걸쳐 트위터로 자신의 초조한 마음을 전하기도 했으며, 시간다는 교통체증이 너무 심해서 미칠 지경이었다고 당시 상황을 토로했다.

시간다는 이러한 상황에서도 그날 69타를 쳐서 최종 준우승이라는 성과를 내기도 했으나, 나머지 3명은 모두 정상적인 샷을 하지 못하고 불만족스러운 순위에 그치거나 컷오프 되기도 했다.

반면에, 다행히 정시에 골프장에 도착한 박인비는 그날 안정된 샷을 바탕으로 최종라운드에서 8언더파를 쳐서 우승컵을 들어올렸다.

투어대회의 3라운드는 여러 면에서 매우 중요한 징검다리인데, 뜻밖의 교통통제로 티오프시각을 맞추지 못하는 동안 그 투어프로들은 얼마나 안절부절못했을까?

정시에 도착해도 수많은 변수로 인해 동작과 멘탈이 요동치는 골프에서 이와 같은 비상상황이 돌발했으니 좋은 결과를 내기는 어려울 수밖에 없었을 것이다.

다행히 이러한 상황을 피하여 우승을 거머쥔 프로도 있었고, 이러한 난국을 돌파하여 준우승을 차지한 프로도 있었으며, 또한 불행하게 이러한 사태에 무너진 프로들도 있었다. 세 경우 중에서 두번째 경우가 커다란 감동을 전한다.

송나라 때의 역사책인 자치통감(資治通鑑)에 "안정된 자세를 확보하고 강인한 정신력을 견지하여 어떠한 상황에서도 흔들리지 않다(堅定不移 / 견정불이)."라는 명구가 있는데, 시간다는 위 명구를 실행에 옮겨 최선의 목표를 달성해냈다고 할 수 있다.

주말골퍼들도 교통 체증, 의외의 날씨, 굴곡진 지형, 특이한 멤버 등 여러 뜻밖의 어려운 상황에 부딪치더라도 강인한 정신력을 견지하여 만족스런 결과를 일구었으면 한다.

10

늦잠으로 프로암 대회에
지각해 실격되다니

미국여자프로골프협회(LPGA) 투어 KIA클래식에서 늦잠을 자다가 프로암에 지각하여 본대회에 출전하지 못한 일이 있었다.

투어프로가 늦잠으로 프로암에 늦는 바람에 정작 본대회에서 샷을 해보지도 못하고 짐을 싸야했으니 사소한 실수가 중대한 결과를 초래한 것이라 할 수 있다.

이에 대하여 관련 기사(이지연, http://jtbcgolf.joins.com/news/news_view.asp?ns1＝22332&news_type＝2, 2013. 3. 21, jtbc)를 바탕으로 그 전말과 교훈을 살펴본다.

청야니(대만)는 2013년 3월 미국 캘리포니아주 아비아라골프장에서 열린 KIA클래식 프로암의 티오프시각에 나타나지 않았다.

청야니는 몸상태가 좋지 않아 밤새 뒤척이다 늦게 잠이 들었다가 제때 일어나지 못하고 말았다. 그가 일어나 시계를 보고서야 늦었음을 알고 부랴부랴 골프장으로 향했다. 하지만 골프장에 도착한 시각은 프로암대회의 티오프를 마친 후였다.

골프규칙은 투어프로가 정당한 사유 없이 프로암에 불참하면 본 대회의 참가자격을 박탈한다는 취지로 규정하고 있다. LPGA는 위 규정에 따라 청야니에게 실격 통보를 했다.

청야니는 직전 해의 KIA클래식 우승자인 데다 직전 주에 세계 랭킹 1위 자리를 잃은 상황이었으므로, 이 대회에 대한 의미와 각오 가 남달랐다.

그 외에도, 레티프 구센(남아공)은 2005년 니산오픈 프로암에서, 짐 퓨릭(미국)은 2010년 바클레이스 프로암에서 각각 늦잠으로 인하 여 본대회의 출전자격을 박탈당한 바 있다.

청야니는 이 대회에서 2년 연속 우승하여 세계 랭킹 왕좌에 복귀 하겠다는 당찬 각오와 의지를 가지고 매진해 왔을 터인데, 늦잠으로 두 마리의 토끼를 놓치다니 안타깝기 짝이 없다. 동반 캐디는 긴밀 한 소통으로 빈틈 없는 준비에 만전을 기했어야 함에도 이를 다하지 못한 아쉬움이 크다.

청야니는 2008년 데뷔와 함께 메이저대회 1승에 신인상을 받은 후 2010년엔 메이저대회 3승을 올려 새로운 골프 여제의 급부상을 예고했다. 더욱이 2011년엔 7승을 거두며 올해의 선수상, 최저타수 상, 상금왕까지 독차지했다. 그러나 2013년부터는 우승 없이 어쩌 다 10위 안에 드는가 하면 컷 탈락도 자주 생기곤 했는데, 위 늦잠

사고가 일부 영향을 주었을 것으로 보인다.

청나라 역사서인 청사고(淸史考)에 "일이 마무리될 때까지 강한 의지를 견지하여 소홀하거나 게을리하지 않다(堅持不懈 / 견지불해)." 라는 명구가 있는데, 이는 청야니에게 커다란 가르침을 전한다.

주말골퍼들도 다음날 아침 라운드를 앞두고 전날밤 뒤척이다 늦잠으로 소스라치게 집을 나서는 경우가 있다. 2중, 3중으로 알람을 맞춰놓거나 현관을 나설 때 동반자들이 서로 연락을 나눈다면 늦잠 지각을 막는데 도움이 될 수 있을 것이다.

11

차문이 잠겨서 골프채를 빌려 치다니

미국 프로골퍼가 차에 골프채와 열쇠를 둔 채 차문을 닫았는데 차문이 잠겨버리는 바람에 골프채를 빌려 경기를 했다가 컷에 탈락한 일이 있었다.

위 프로골퍼는 열쇠공이 올 때까지 초조와 불안 속에서 티타임에 쫓기다가 부득이 골프채를 빌려 경기를 하다니 그 황망한 심정과 안절부절못한 표정이 생생하게 떠오른다.

이에 대하여 관련 뉴스와 기사(http://jtbcgolf.joins.com/news/news_view.asp?ns1=31873, 2017. 5. 13, jtbc골프; Beth Ann Nicholas, https://golfweek.usatoday.com/2017/05/12/that-time-mariah-stackhouse-locked-her-keys-in-the-trunk/, 2017. 12. 12, Golf Week)의 요지를 바탕으로 그 자초지종을 살펴본다.

머라이어 스택하우스(Mariah Stackhous)는 2017년 5월 사우스캐롤라이너주에서 열린 미국여자프로골프협회(LPGA) 시메트라 투어

(2부) 헬스케어 파운데이션 클래식 1라운드를 앞두고 있었다. 그의 티타임은 오후 1시 37분이었다.

스택하우스는 스탠포드대학을 졸업하고 Q스쿨을 통과한 루키로서 골프장과 불과 3분 거리에 있는 그린우드 레이크에서 가족과 함께 머물고 있었다.

그런데 오후 1시경 사달이 났다. 스택하우스는 골프채가 들어있는 차에 열쇠를 둔 채 문을 닫는 바람에 그만 차문이 잠기고 만 것이다.

스택하우스가 바로 LPGA 경기위원에게 이 사실을 알리자, 그 경기위원은 그곳에 와서 상황을 확인한 후 열쇠공이 오후 1시 20분까지 오기를 기다렸다. 그러나 열쇠공은 그 때까지 도착하지 않았다.

스택하우스는 하는 수 없이 골프장으로 이동하여, 골프채는 헤드 프로로부터 빌렸고, 골프화와 골프공과 장갑은 프로샵에서 구입했다. 그가 첫 홀에서 티샷을 마친 후 5분이 지나서야 열쇠공이 도착했다.

결국 스택하우스는 빌린 골프채로 그 라운드를 마쳤다. 연습라운드를 하지 않았던 그는 1라운드에서 4오버파를 기록했고, 중간 합계 7오버파로 컷에 탈락했다.

LPGA투어 카드는 2부 투어의 상금 순위 10위까지 부여되는데, 그는 당시 2부 투어에서 11위를 달리고 있어 한 게임이 중요한 상황이었다.

프로골퍼가 뜻밖의 실수로 차문이 잠기는 바람에 트렁크에 있는

당신도 겪을 수 있는 골프장 사건 50

골프채를 꺼낼 수 없어 다른 사람의 채로 경기를 하다니 안타깝기 짝이 없다.

골프는 어느 종목보다 장비가 경기에 미치는 영향이 매우 큰데, 사소한 실수로 다른 사람의 골프채를 써야 했으니 어떻게 만족스런 스코어가 나올 수 있었으리오! 스택하우스의 컷 탈락은 불운의 결과가 아니라 자초한 실수라고 볼 수 있겠다.

사서삼경 중 하나인 시경(詩經)에 "(얇은 얼음을 밟듯이, 깊은 곳에 다가가듯이) 작은 부분까지 신중하고 조심해서 일을 처리하다(如履如臨 / 여리여림)."라는 구절이 있다.

스택하우스가 시경의 경구와 같이 차문의 잠금상황까지 신중하고 조심해서 대비했더라면 위와 같이 황당한 결과가 초래되지는 않았을 것이다.

12

물에 빠진 공을 찾지 못해 벌타를 받다니

데이비드 웍스는 미국 대학골프리그(NCAA) 대회에서 물에 빠진 공을 찾으려다 제한시간 내에 찾지 못해 2벌타를 받은 해프닝이 있었다.

그가 공을 물에 빠뜨린 원인은 샷을 잘못 친 데 있지 않았다. 퍼트를 위하여 호주머니에서 꺼내다가 실수로 떨어뜨린 공이 물에 빠졌으니 이 얼마나 황당한 일인가?

이에 대하여 관련 기사(남화영, https://www.joongang.co.kr/article/22263819, 2018. 1. 7, 중앙일보)를 바탕으로 그 당시의 상황을 살펴본다.

웍스는 2017년 5월 미국 플로리다의 잭슨빌대학 골프팀 선수로서 대학골프리그(NCAA) 대회에 출전했다. 그는 13번홀의 그린에서 1.2미터 거리의 파 퍼트를 하기 위하여 주머니에서 공을 꺼내다가 떨어뜨렸다.

그 공은 하필 골프화 앞부분에 맞고 그린을 튀겨 경사를 타고 구르더니 그만 옆 호수에 빠졌다. 골프규칙에 의하면, 모델과 색깔이 같은 공으로 홀아웃을 해야 하며 그러하지 못할 경우 벌타를 받게 된다.

웍스는 부랴부랴 호수에 들어가서 그 곳을 찾기 위하여 샅샅이 뒤졌다. 그러나, 물속에서 무려 30여 개의 공을 건져냈지만 정작 그가 사용한 공은 끝내 찾지 못했다.

결국 그는 제한시간인 5분 내에 자신의 공을 찾지 못하여 2벌타를 받고 그 홀을 더블보기로 마쳐야 했다.

웍스가 사소한 실수로 공을 호수에 빠뜨린 후 제한시간이 지나기 전에 황급히 공을 찾는 모습은 직접 목도하지 않아도 쉽게 짐작이 간다.

그는 공을 찾지 못하고 젖은 발을 호수 밖으로 무겁게 내딛으면서 뜻밖의 중대 실수로 빚어진 상황을 자책하며 깊은 한숨을 내쉬었으리라.

중국의 역사서인 사기(史記)에 "과거의 실수를 깊이 반성하여 새로운 모습으로 임할 것을 결심하다(悔過自新 / 회과자신)."라는 구절이 있는데, 이는 웍스에게 뜻밖의 사소한 실수를 냉정하게 반성하여 이러한 실수가 재발하지 않도록 각별히 주의하라는 가르침을 전한다.

주말골퍼가 라운드 중에 사소한 실수로 동작이 무너지고 이로 인하여 멘탈이 붕괴되면서 만족스럽지 못한 결과에 이르는 경우가 있는데, 사기의 교훈에 따라 이러한 실수가 재발하지 않도록 순간순간을 신중하게 대응해야 할 것이다.

13

골프공을 원격 조종해 경기를 방해하다니

미국프로골프협회(PGA) 투어 BMW챔피언십에서 원격 조종된 골프공이 그린에 난입하여 퍼팅을 준비하려던 투어프로들을 어리둥절하게 한 일이 있었다.

갤러리가 한 해의 PGA투어를 결산하는 대회에서 리모콘으로 골프공을 조종하여 그린을 휘젓고 다니도록 함으로써 골프경기를 방해하다니 몰지각의 극치라 하지 않을 수 없다.

이에 대하여 관련 기사(김채현, https://www.seoul.co.kr/news/

newsView.php?id=20220823500106, 2022. 8. 23, 서울신문)를 바탕으로 그 자초지종을 살펴본다.

　　로리 맥길로이는 2022년 8월 미국 델라웨어주 윌밍턴CC에서 열린 PGA투어 플레이오프 2차전 BMW챔피언십 3라운드 15번홀에서 퍼팅을 준비하고 있었다.

　　그러는 사이, 정체불명의 골프공이 그린에 굴러오더니 건드리지 않았는 데도 이리저리 데굴데굴 굴러다녔다. 그 순간, 투어프로와 갤러리들은 이 상황을 보고 무슨 일이 벌어졌는지 어리둥절했다.

　　이를 본 맥길로이가 골프채로 공을 쳐내 봤지만 공은 계속해서 홀 쪽으로 굴러갔다. 한 갤러리가 리모콘으로 골프공을 원격 조종하여 그린에서 굴러다니도록 한 것이었다.

　　맥길로이는 그 공을 집어 호수로 힘껏 던져버렸다. 그 갤러리는 호수에 던져지는 공을 보고 되레 그에게 소리를 지르며 화를 냈다. 그 갤러리는 경찰에 의해 강제로 쫓겨났다.

　　갤러리가 PGA투어의 결산대회에 난입하여 기상천외한 방법으로 골프경기를 방해하다니, 이는 명백한 업무방해이자 건전한 상식으로는 도저히 이해되지 않는 추태이다.

　　갤러리는 골프경기를 관전하며 가까이서 투어프로의 호쾌한 티샷이나 정교한 아이언샷, 고난도 퍼팅에 응원의 박수를 보내는 골프경기의 구성원임에도 최소한의 매너를 저버리다니 애석하기 짝이 없다.

중국 청나라 때의 대표적 소설인 경화록(鏡花錄)에 "법도나 상식을 돌아보지 않고 잘못된 행동을 저지르다(胡作非爲 / 호작비위)"라는 구절이 있는데, 이는 위 갤러리의 몰염치한 행위에 일침을 가한다.

주말골프에서도 분위기를 띄운답시고 기이한 언동으로 동반자나 캐디의 마음을 상하게 하거나 평온한 라운드에 찬물을 끼얹는 경우가 있을 수 있는데, 어떠한 상황에서도 이러한 추태를 보여서는 안될 것이다.

14

홀이 6mm 더 커서 대회가 취소되다니

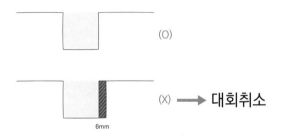

2023년 ○○골프장에서 한국프로골프협회(KPGA) 2부 투어의 예선전을 치르는 중 홀의 지름이 규정보다 6mm 더 큰 것으로 확인되어 대회가 취소된 초유의 사태가 발생했다.

투어대회의 공식 예선전에서 홀의 직경이 골프규칙에 맞지 않아 대회가 취소되다니, 이는 어디에서도 발견하기 어려운 웃음거리다.

이에 대하여 관련 기사(성호준, https://www.joongang.co.kr/article/

25149465, 2023. 3. 24, 중앙일보)를 토대로 그 자초지종을 살펴본다.

KPGA 2부 투어인 스릭슨 투어의 1회 대회 예선전이 2023년 3월 충북 소재 ○○골프장에서 열렸다. 이 대회에 출전한 몇 선수들은 그린에서 퍼트를 하면서 홀의 크기가 이상함을 떨쳐버릴 수 없었다.

이에, 한 선수는 경기위원회에 홀이 너무 큰 것 같다고 신고했다. 경기위원이 홀의 지름을 측정하여 보니 규정과 다른 것으로 확인되었다.

골프규칙에 의하면, 홀의 지름은 108㎜, 그 깊이는 최소 101.6㎜ 이상이어야 하고, 그 원통은 지표로부터 최소 25㎜ 아래로 묻혀 있어야 한다. 그런데, 위 골프장의 홀은 지름이 6㎜나 더 큰 114㎜였을 뿐만 아니라 그 깊이도 규정보다 더 얕았다.

경기위원회는 위 예선전대회를 취소했다. 이로 인하여, 경기위원회와 골프장측은 초유의 불상사라는 오명을 피하기 어려웠다.

이 대회가 2부 투어의 예선전이었다고 하더라도, 이는 엄연한 KPGA대회였음에도 홀의 지름이 규정된 크기에 맞지 않아 대회가 취소되다니 상식적으로 도저히 납득할 수 없는 뉴스감이다.

주말골퍼가 기발한 이벤트 홀이라는 이유로 그 지름이 규정보다 더 큰 경우를 드물게 발견할 수 있다. 하지만, 공식 대회에서 이와 같이 어처구니없는 해프닝이 발생했다는 것은 경기위원회와 골프장의 중대한 실수이자 커다란 수치라 하지 않을 수 없다.

당신도 겪을 수 있는 골프장 사건 50

중국의 4대 기서 중 하나인 수호전(水滸傳)에 "하나의 부족함도 허용되지 않다(缺一不可 / 결일불가)."라는 구절이 있는데, 1부, 2부 투어든, 본선, 예선이든, 공식대회를 차질없이 치르기 위해서는 이 구절과 같이 하나의 부족함도 없이 완벽해야 함에도 그렇지 못했다니 얼마나 소홀했는지를 어렵사리 알 수 있다.

주말골퍼가 아무리 명랑골프를 즐긴다고 하더라도 규정보다 큰 홀에서 버디를 하거나 이로 인해 더 나은 스코어를 기록한다고 한들 자랑거리가 될 수는 없을 것이다.

15

유리창을 깬 골퍼에게 총을 쏘다니

한 골퍼가 미국 네바다주 소재 골프장에서 친 공이 그곳에 인접한 주택의 침실 유리창을 깨뜨리자, 그 주민이 분을 참지 못하고 위 골퍼에게 총을 쏜 일이 있었다.

그 주민이 침실 유리창이 깨지는 소리에 깜짝 놀랐을 것임은 부인할 수 없으나, 심히 격분하여 유리창을 깬 골퍼에게 총을 쏘다니 충격적인 뉴스가 아닐 수 없다.

이에 대하여 관련 미국 기사(https://www.heraldtribune.com/story/sports/2013/12/14/man−gets−probation−for−shooting−golfer−who−hit−errant−ball/29217453007/, 2013. 12. 14, Herald Tribune)를 바탕으로 그 자초지종과 처벌결과를 살펴본다.

그 골퍼와 한 친구는 2012년 9월 네바다주 리노 소재 레이커리지 골프장 16번홀에서 라운드를 하고 있었다. 그가 친 골프공이 골프장에 인접한 주택을 향해 날아갔다. 공이 페어웨이를 벗어나 날아가자, 일시 멈췄다가 다음 샷을 하려던 참이었다.

그 순간, 위 주택에 사는 제프 플레밍은 이에 격분하여 그 골퍼에게 총을 쏘았다. 총소리가 나자마자, 그 골퍼와 동반자는 바로 그곳을 벗어났으며, 안전한 곳으로 피신한 후에야 총상을 입었다는 것을 알게 되었다.

이로 인하여, 그 골퍼는 한 팔과 두 다리에 부상을 입고 병원에서 한두 개의 총알을 제거하는 등의 치료를 받았다.

플레밍의 변호인은 당시의 상황을 아래와 같이 설명했다. 즉, 그가 잠에서 깨어 막 일어나려던 참이었는데 침실 유리창이 깨지면서 유리파편이 그에게 흩날렸다. 그 순간, 깜짝 놀라 누군가 고의로 쏜 총에 의해 피격되는 것으로 생각했다.

또한, 그는 그 골퍼에게 상해를 가하려고 한 것이 아니라 겁을 주려고 약 50야드 떨어져 있는 골퍼에게 총을 쏘았다. 그는 그 골퍼가 자신의 과오로 충격을 받게 한 데 대하여 반성했다. 그가 그곳에서 살아온 10년 동안 골프공에 의해 유리창이 깨진 것은 처음이었다.

워쇼우카운티 지방법원은 위 범행을 자백한 플레밍에게 살상용 총기 휴대죄 등으로 보호관찰 5년을 선고했다.

피해 골퍼는 라운드 중에 인접 주택의 주민에 의하여 팔과 다리에 총을 맞고 얼마나 놀랐을까? 그 골퍼가 안전한 곳으로 피신한 후에야 총에 부상을 입었다는 것을 알았다는 것을 보더라도, 그의 혼비백산한 모습이 생생하게 그려진다.

위 골프장 경영자는 바로 옆에 인접한 주택이 있었으므로 골프공이 주택으로 날아갈 경우에 대비하여 그물과 같은 안전시설을 설치했어야 함에도 이를 게을리한 업무상 과실이 있는 것으로 보인다. 네바다주법에 대한 이해가 없으나, 플레밍은 골프장 경영자를 상대로 유리창 파손 등의 손해배상을 구할 수 있지 않을까 생각된다.

이러한 구제방안을 생각해 볼 수 있었음에도, 플레밍이 유리창 파손의 구체적 원인과 경위를 파악하지 않고 극도로 격분한 나머지 그 골퍼에게 총을 쏘아 부상을 입게 한 것은 중대범죄라 하지 않을 수 없다.

중국의 역사서인 사기(史記)에 "머리카락이 설 정도로 분노가 치밀어 오르다(怒髮衝冠 / 노발충관)."라는 구절이 있는데, 플레밍은 침실 유리창이 깨지는 소리를 듣고 흩날리는 유리파편을 보고서 이 구절처럼 격분하였던 것 같으나, 그렇다고 하여 법의 단죄를 피할 수 있는 것은 아니다.

주말골퍼가 라운드 중에 불쾌한 상황에 대하여 감정을 조절하지 못하고 순간적으로 분노의 언사나 표정을 드러내는 경우가 생길 수 있는데, 한번 더 생각하여 차분하고 신중하게 대응하는 것이 품격 있는 골퍼의 매너라 할 수 있을 것이다.

16

잔디길이 때문에 1라운드를 취소하다니

2017년 한국여자프로골프협회(KLPGA) 투어대회의 1라운드 경기가 프린지 잔디의 길이와 벌타 부과 문제로 취소된 황당한 일이 있었다.

국내외 정상급 선수들이 참여한 메이저대회에서 그린과 프린지의 잔디 길이 차이가 규정에 맞지 않아 해당 라운드를 취소하다니 금시초문의 웃음거리라 하지 않을 수 없다.

이에 대하여 관련 기사(남화영, https://www.joongang.co.kr/article/22263819, 2018. 1. 7, 중앙일보)의 요지를 바탕으로 그 자초지종을 살펴본다.

KLPGA투어 메이저대회 중 한 대회가 2017년 10월 경기 소재 ○○골프장에서 개최되었다. 이 대회의 1라운드 중 일부 홀에서 그린과 프린지의 잔디 길이가 비슷하여 그 경계가 명확하지 않은 데서 사달이 났다.

통상 그린과 프린지의 잔디길이는 확연히 구별할 수 있을 정도로 차이가 나지만, 이 대회에서는 눈으로 그 차이를 구별하기 어려웠다. 그러다 보니 일부 선수는 프린지에서 마크하고 공을 집어들었다.

골프 규칙에 의하면 그린 아닌 곳에서 공을 집어들면 벌타를 받게 되므로, 경기위원은 두 홀에서 공을 집어든 일부 선수들에게 벌타를 부과하였다. 수잔 페테르센(노르웨이)과 박인비 선수도 유사한 상황이 발생했다.

그러자, 경기위원장은 일부 선수들에게 이미 부과한 벌타를 면제했다. 그랬더니 벌타가 면제된 한 선수가 공동 선두가 됐다.

이번에는 다른 선수들이 벌타 면제는 부당하다고 항의하면서 2라운드 경기 출전을 거부했다. 선수가 마크한 후 공에 묻은 흙이나 모래를 닦고 샷을 한 경우와 그렇지 않은 경우에는 샷의 결과에 차이가 생길 수 있다는 것은 충분히 납득이 가기 때문이다.

KLPGA는 1라운드를 취소하기로 결정하면서 나머지 3일간의 경기로 축소하여 진행하였다. 1라운드에서 선두를 달리던 선수나 홀인원을 기록한 선수는 허탈감을 감추지 못했다.

일기 등 불가항력 사유가 없었음에도, 메이저대회가 프린지의 잔디길이와 벌타 부과 문제 때문에 해당 라운드를 취소하고 3라운드로 축소하다니 글로벌 골프뉴스에서도 보기 드문 해프닝이리라.

주최측이 세세한 부분까지 치밀하게 대회를 준비했더라면 이와

당신도 겪을 수 있는 골프장 사건 50

같은 우를 범하지 않았을 텐데, 그렇지 못한 준비로 인하여 골프계의 가십거리에서 벗어나기 어렵게 되었다고 하겠다.

한 선수는 1라운드에서 홀인원을 하였는데 그 라운드가 취소됨에 따라 부상을 받지 못하였다면 주최측에 대하여 이로 인한 손해의 배상을 구할 수 있지 않을까 생각된다.

중국의 역사서인 사기(史記)에 "일이나 계획에 대한 구상이나 준비가 치밀하지 못하다(輕慮淺謀 / 경려천모)."라는 구절이 있는데, 이는 이 대회의 주최측에 대하여 따끔한 일침을 가한다.

주말골퍼도 프로암대회를 비롯하여 적잖은 규모의 대회에 참가할 기회가 있다. 경기의 시작부터 시상에 이르기까지 치밀하게 준비하여 아쉬움이 남지 않도록 해야 할 것이다.

17

로컬 룰을 오해하여 68벌타를 받다니

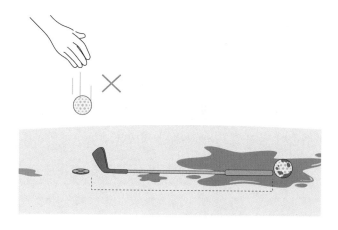

우에하라 아야코는 일본여자프로골프협회(JPGA) 투어대회에서 로컬 룰을 오해하여 68타의 페널티를 받은 황당한 일이 있었다.

JLPGA 통산 3승의 프로골퍼가 이로 인해 무더기 벌타를 받다니 프로대회에서 상상하기 어려운 일로 기이한 골프뉴스라 하지 않을 수 없다.

이에 대하여 관련 기사(남화영, https://www.joongang.co.kr/article/20988138#home, 2016. 12. 11, 중앙일보)의 요지를 바탕으로 그 자

초지종을 살펴본다.

우에하라는 2016년 11월 일본 치바현 그레이트아일랜드CC에서 열린 JLPGA투어 이토엔레이디스에 출전했다.

위 대회의 첫날 새벽부터 비가 계속 내리면서 페어웨이는 진흙탕으로 변해 있었다. 경기위원회는 벌타 없이 공을 집어 진흙을 닦은 후 제자리에 놓고 경기할 수 있다는 로컬 룰을 적용했다.

그런데 우에하라는 그 로컬 룰에 대해 '공을 집어 한 클럽 이내로 움직일 수 있다'는 것으로 오해한 것이다. 이에 따라, 그는 매번 공을 닦고는 한 클럽 내의 좋은 지점에 드롭하여 경기를 했다. 그는 다음 날 자신의 실수를 알고 경기위원회에 자진 신고했다.

우에하라는 15개 홀에서 19회나 공을 옮기고 치는 바람에 '잘못된 장소'의 플레이로 인해 회당 2벌타씩 38벌타를 받았다. 또한, 그는 15개 홀에서 매번 타수를 줄였기 때문에 추가로 한 홀당 2벌타씩 30벌타를 받았다. 그의 1라운드 최종 스코어는 총 68타의 벌타를 합하여 무려 69오버파 141타에 달하였다.

그는 2라운드에서 JLPGA투어 통산 3승의 저력을 발휘하여 평정심을 회복한 결과 버디 5개와 보기 1개를 쳐서 4언더파를 기록해서 조금이나마 명예를 회복했다.

다수의 우승 경험이 있는 프로골퍼가 로컬 룰에 대한 오해로 인하여 총 68벌타를 받게 됨을 알았을 때 당사자로서 얼마나 황당하고 참담했을까?

위 사례는 선수가 일반적으로 적용되는 골프규칙상의 '공식 룰'과 대회에서 사정에 따라 채택되는 '로컬 룰'의 부지나 오해가 있을 경우 중대한 결과가 초래될 수 있음을 상기시켜 준다.

중국 송나라 때의 역사서인 자치통감(資治通鑑)에 "미세한 차이가 천리의 오차를 초래한다(失之毫厘, 差以千里 / 실지호리, 차이천리)."라는 구절이 있는데, 로컬 룰에 대한 오해가 사소한 것처럼 보일 수 있으나 이는 바로 중대 사태로 치닫는다는 것을 실감나게 일깨워준다.

주말골퍼는 취미로서 즐거움이나 재충전의 기회로 라운드를 하므로 공식 룰이나 로컬 룰이 엄격하게 적용되지 않는 경우가 많다. 그러나, 스트로크 경기를 하는 경우에는 룰에 대한 이해를 정확히 하여 불이익이나 부정적 영향을 받지 않도록 해야 할 것이다.

18

캐디가 모래를 만져 경기를 지다니

캐디가 미국아마추어골프선수권대회에서 벙커 안의 모래를 만져 매치플레이에서 패한 일이 있었다.

출전선수가 한 홀 한 홀 고도의 긴장 속에서 초인적 집중력을 유지해야 하는 매치플레이에서 캐디가 실수로 모래를 만져 출전 선수가 짐을 싸게 되다니, 이 얼마나 가슴 아픈 사연인가?

이에 대하여 관련 기사(https://www.ilyosisa.co.kr/mobile/article.html?no=222112, 2020. 10. 22, 일요시사)를 토대로 그 상황을 살펴본다.

세군도 올리바 핀토(아르헨티나)는 2020년 8월 미국 오리건주 브랜던듄스 골프리조트에서 열린 위 골프선수권대회 16강전에 출전 중이었다.

그는 매치플레이로 치러진 경기의 17번홀까지 타이를 이루었으나 18번홀에서 티샷볼이 벙커에 빠졌다.

그때 생각지 않은 일이 터졌다. 핀토의 캐디가 갑자기 벙커에 들어가 모래를 손으로 만진 것이다. 핀토, 상대방 선수와 그 캐디는 물론 TV중계진이 옆에서 이 모습을 지켜보고 놀라움을 금할 수 없었다.

벙커샷 전에, 선수나 캐디가 클럽이나 손으로 모래를 만지거나 닿아서는 안된다는 골프규칙은 누구나 아는 기본상식이기 때문이다. 골프규칙상 위 규정에 위반한 경우 스트로크플레이에서는 2벌타지만, 매치플레이에서는 그 홀을 패하게 된다.

핀토는 승부를 마무리할 수 있는 18번홀에서 두번째 샷을 하기도 전에 16강전 탈락이라는 고배를 마셔야 했다.

핀토는 SNS에 "나도 큰 충격을 받았다. 캐디는 펑펑 울었다. 그는 큰 대회 경험이 없었다. 누구나 실수를 한다."는 글을 올렸다.

캐디는 선수의 경기보조자로서 규칙위반은 바로 선수에게 귀결되는데, 캐디가 경험 미숙이나 규정 부지로 벙커샷 전에 모래를 만지는 중대 실수를 저지르고 말았으니 안타깝기 짝이 없다.

중국 춘추시대의 철학서인 관자(管子)에 "마땅히 지켜야 할 표준이나 법규(規矩繩墨 / 규거승묵)"라는 구절이 있는데, 골프에서 벙커샷 전에 모래를 만지거나 닿지 않아야 한다는 것은 위 구절에서 강조하는 바와 같이 골퍼나 캐디가 의당 준수해야 하는 골프규정이다.

주말골퍼가 벙커샷 전에 클럽 바닥이 모래에 닿는 경우가 있는데, 이러한 위반상황이 생기지 않도록 각별히 주의하는 것이야말로 골프를 제대로 '아는 자(知之者)'의 기본자세이다.

19

캐디의 나침반 사용으로 짐을 싸다니

일본여자프로골프협회(JLPGA) 투어대회에서 캐디가 무심코 나침반을 사용하여 출전선수가 실격을 당하는 황당 해프닝이 있었다.

순조롭게 진행되던 경기가 규정을 모른 캐디의 실수로 말미암아 중대한 결과로 치닫다니 이 얼마나 안타까운 일인가?

이에 대하여 관련 기사(이헌재, https://www.donga.com/news/Sports/article/all/20130623/56063742/1, 2013. 6. 24, 동아일보)의 요지를

바탕으로 당시의 상황을 살펴본다.

이러한 규정이 주말골퍼에 대해 엄격하게 적용되기는 어렵지만, 주말골퍼라도 이와 같이 상세한 골프규정을 알아둔다면 골프에 더 깊이 다가갈 수 있을 것이다.

일본 투어 11승의 A선수는 2013년 6월 일본 지바현 소데가우라 CC에서 열린 JLPGA투어 니치레이디스 2라운드 경기를 진행하고 있었다.

A선수가 5번홀에서 두번째 샷을 하기 전 뜻밖의 일이 터졌다. 그의 캐디가 바람의 방향을 확인하기 위해 나침반을 꺼내든 것이다.

이 캐디는 프로선수를 전담하는 캐디가 아니라 이 골프장에 소속된 하우스 캐디였다. 평소 주말골퍼들의 경기를 보조할 때처럼 나침반을 사용했던 것이다.

골프규칙에 의하면, 라운드 중에 바람이나 잔디결의 방향을 판단하는 데 도움을 주는 나침반 등 인공 장치와 용구의 사용은 금지된다.

동반 선수의 캐디가 전반 라운드 후 경기위원회에 이 사실을 제보하자, 경기위원회는 캐디에게 사실 여부를 확인한 뒤 A선수에게 실격 판정을 내렸다.

골프장측은 A선수와 대회 주최측에 캐디의 실수에 대하여 사과하면서 이런 실수가 재발하지 않도록 캐디에 대한 지도와 관리를 철저히 하겠다는 취지로 밝혔다.

정상급 투어선수가 라운드를 마치기도 전에 캐디의 사소한 실수로 실격되어 짐을 싸야 하다니 어떻게 그 심정을 표현할 수 있으리오! 더욱이, 그는 캐디가 금지 기기를 휴대하고 있었는지조차 전혀 몰랐으니 억울하기 짝이 없었으리라.

위 사례를 보면, 캐디가 프로선수의 전담 캐디든, 골프장에 소속된 하우스 캐디든, 캐디의 일거수 일투족은 출전선수에게 귀결되므로, 그 역할이나 임무가 얼마나 중요한가를 일깨워준다.

중국 명나라 때의 시사문집인 역서안서(歷書眼序)에 "서로 도와 일을 실행하다(相補而行 / 상보이행)"라는 구절이 있는데, 이는 출전선수가 경기에서 최고의 성과를 도출하기 위해서 캐디의 보조 역할이나 그 임무가 매우 중요함을 상기시켜 준다.

20

다른 선수의 캐디 실수로 벌타를 받다니

2011년 GS칼텍스매경오픈 골프대회에서 다른 선수의 캐디 실수로 출전 선수가 2벌타를 받는 황당한 사태가 있었다.

다른 선수의 캐디가 무심결에 옆 캐디백에 퍼터를 넣는 바람에 클럽개수의 초과로 벌타를 받다니, 규정 위반이어서 어쩔 수 없다고 해도 다소 아쉬움이 남는 대목이리라.

이에 대하여 관련 뉴스(https://news.kbs.co.kr/news/view.do?ncd=2287652, 2011. 5. 6, KBS)의 요지를 바탕으로 당시의 상황을 살펴본다.

H선수는 2011년 6월 남서울골프장에서 열린 GS칼텍스 매경오픈 골프대회에 출전했다. 그는 이 대회의 2라운드 1번홀에서 티샷을 날리고 페어웨이에서 두번째 샷을 준비하려던 중이었다.

그런데 H선수는 자신의 캐디백에 못 보던 퍼터가 들어있는 것을 발견했다. 그는 남의 퍼터를 포함해 총 15개의 클럽으로 경기한 것을 경기위원에게 알리고 2벌타를 받았다.

경기위원들이 확인해 보니 이 퍼터는 H선수와 비슷한 시간에 10번홀에서 출발한 태국 선수의 것이었다. H선수가 경기 시작 전에 퍼트 연습을 했는데, 태국 선수의 캐디가 실수로 H선수의 캐디백에 퍼터를 넣은 것으로 밝혀졌다.

태국 선수도 퍼터가 없어진 것을 알고 당황할 수밖에 없었다. 그는 1번홀에서 퍼터가 없어 페어웨이 우드로 퍼트를 했고, 2번홀에 가서야 경기위원이 찾아준 퍼터로 정상적인 경기를 할 수 있었다.

H선수는 2라운드까지 중간합계 3오버파 147타를 치고, 태국 선수는 2오버파 146타를 쳐서 두 선수 모두 컷오프 기준인 1오버파 145타를 넘지 못했다.

H선수는 다른 선수의 캐디 실수로 인하여 2벌타를 받게 되었고 2타 차이로 컷기준을 통과하지 못하게 되었다니, 위의 황당 사례는 불운에 가까운 것이라 할 수 있다.

골프는 다수의 규정이 엄격하게 적용되는 경기라서 H선수가 라운드 전에 클럽 개수를 점검해 보았더라면 2벌타의 대가를 피할 수 있었을 것이며, 이에 따라 보다 순조로운 경기를 이어갈 수 있었을 것이다.

중국 청나라 때의 철학서인 용역통의(庸易通義)에 "신중하고 세밀하게 구상하거나 준비했으나 일시의 소홀함으로 인해 일에 문제가 생기다(百密一疏 / 백밀일소)."라는 구절이 있는데, 이는 H선수가 경기 시작에 앞서 클럽개수를 비롯하여 필수적 확인사항을 점검하지 못한 점에 일침을 가한다.

주말골퍼가 라운드를 할 때 클럽개수를 비롯하여 골프규칙상의 기준을 개의치 않는 경우들이 많으나, 골프규칙에 부합하는 기준에 맞춰갈수록 골프의 품격 또한 올라갈 수 있으리라 생각한다.

에필로그

　이 책을 집필하기 위하여 골프 관련 판결들이나 기사들을 살펴보니 별의별 사건사고가 많았다. 여기에 분쟁이나 기사거리가 되지 않은 사건사고까지 더한다면 훨씬 더 많을 것이다.

　이 책에서 소개한 골프장 사건사고들을 보면 민사 사건, 형사 사건, 징계 사건으로 대별된다. 그 외에도 이색적이거나 황당무계한 사건사고들이 적지 않다.

　사건사고들의 내용이 이처럼 다양하지만 그 원인은 주로 골프장 운영자, 주말골퍼, 프로골퍼, 캐디를 비롯한 골프 관계자들의 안전 불감증이나 절제력 미흡에서 찾을 수 있겠다.

　손해배상 등 민사 사건과 과실치사상 등 형사 사건은 안전 불감증과 절제력 미흡이 복합적이거나 개별적으로 작용하여 일어난 것이다. 또한, 강제추행, 도박 등 형사 사건이나 출전정지, 해고 등 징계사건 또는 황당무계한 사건사고는 주로 절제력 미흡 때문에 발생한 것이다.

　이러한 사건사고의 원인을 치밀하게 분석하여 철저하게 대비하면 사건사고의 발생을 예방할 수 있다. 즉, 골프 관계자들이 라운드 중에 안전 의식과 절제력을 늘 견지하는 것이다.

　청나라 사상가인 임칙서(林則徐)는 "촌각도 해이함을 용납해서는 안된다(刻不容鬆 / 각불용송)."라고 설파하여 골프 관계자들의 안전 불감증에 경종을 울린다. 논어(論語)에서는 "세 번 생각하고 행동하라(三思而行 / 삼사이행)."고 훈계하여 절제력 있는 군자의 품격을 가지라 한다.

부디 골프 관계자들이 고전명구의 가르침에 따라 안전의식과 절제력을 견지함으로써 안전 골프, 평화 골프를 구현하고 이를 통해 즐기는 골프의 참맛을 향유하길 바란다.